嘉善历史文化名人丛书

中共嘉善县委宣传部
嘉善县名人与乡贤文化研究会 编

丁宾传

杨 茜 著

上海三联书店

编 委 会

主　编

郭　真

副主编

龚跃华　李剑明

编　委

金治平　金林峰　丁　艺

总　序

　　嘉善地处吴根越角，为马家浜文化发祥地之一，在文化发展方面，有着十分丰硕的成果。

　　嘉善人杰地灵、人才辈出，是全国有名的"巍科大县"。根据历代府志县志记载，唐、宋、元、明、清五个朝代，嘉善共出状元2人、进士213人、举人491人。有著作者626人，书画家162人。明清历代县志收入的文苑人物多达788人，被《四库全书》收入或存目的著作达到70多种。其中就有唐陆贽的《翰苑集》《古今集验方》，宋娄机的《汉隶字源》、陈舜俞的《都官集》、明钱士升的《周易揆》、袁黄的《历法新书》，以及清曹廷栋的《老老恒言》等。在书画方面则有吴镇、盛懋、姚绶、项圣谟、许从龙等一大批震古铄今的大家。这些前辈乡贤，为嘉善留下了丰富的文化遗产，值得后辈永远尊敬。

　　出版名人丛书，意义重大。这次由中共嘉善县委宣传部和嘉善县名人与乡贤文化研究会组织出版的"嘉善历史文化名人丛书"中，传主有被誉为"中国十大贤相"之一的唐陆贽，有"元四家"之一的吴镇，有被谥为"忠节"的明魏大中，有明万历"嘉兴三大家"之一的袁黄和劝善江南的丁宾。他们或忠贞报国、恪守清廉，或视死如归、忠于职守，或淡泊名利、书画传世，或布道天下、光前裕后。在这些乡贤前辈的风骨深处，蕴含了鲜明的地域文化特征，也为今日的嘉善地域文化建设提供了"善文化"的基因。为此，对"嘉

1

善历史文化名人丛书"的出版表示祝贺，对长期从事地方名人与乡贤文化研究的专家学者表示敬意。

嘉善所处的地理区位，在先秦时为吴越争雄之地。当年的吴、越，大致相当于今天的江浙沪，即长三角核心区域。吴是以今天的江苏省苏州市为中心的区域，越是以今天的浙江省绍兴市为中心的区域。吴、越在历史的大融合过程中，分别产生了以"上善若水、兼容并蓄"为标志的吴文化和以"卧薪尝胆、经世致用"为主要内容的越文化。嘉善接受吴越文化的辐射，"长久地镶嵌在吴越两地的边界线上，得两地之气，交融汇淬，千年安详"。进入近代以来，随着上海开埠，西风东渐，以"海纳百川、开放包容"为特点的海派文化，又与吴越文化相互交融，不但深刻地影响历史发展的进程，而且也丰富了嘉善地域文化的内涵，逐渐形成了具有自己特色的"坚韧不拔、敬业争先"的嘉善精神。这也说明古今文化之间具有延续性和传承性。所以，古代的嘉善产生了众多优秀的前辈乡贤，今天的嘉善同样也拥有以中科院院士为代表的一大批优秀儿女。

历代志书告诉我们，曾为吴越争雄之地的嘉善，在两汉至三国时期已经得到开发，渐成江南鱼米之乡。文化建设也逐步展开。但嘉善文化繁荣的最佳发展机遇期，则是在宋室南渡以后。

绍兴八年(1138)起，南宋定都杭州近140年，其间浙江全省的经济、社会、文化都获得飞速发展。其中文化发展主要反映在三个方面，即教育发达、书籍刊印业发展和藏书楼增加。紧邻杭州的嘉兴（当时嘉善尚未建制，隶属于嘉兴府）是畿辅重地，又是宋孝宗赵昚的诞生地，更是直接接受了京城的文化辐射，取得了先发的优势。因此，不仅仅是教育发达、科举鼎盛，还带动了整个社会文化的繁荣。以嘉善的历史文化名人为例，除陆贽等少数人外，大多数都是在宋以后出现的，到明清时形成高峰。这除了说明京畿文化辐射的重要性外（其他方面也同样），也表明嘉善善于抓住这个千载难逢的历史发展机遇，从而促进了自身的文化繁荣。

文化现象的出现从来就不是孤立的。回望过去，除了向前辈乡贤表示敬意，也是为了更好地总结前行。展望未来，嘉善站在新的历史起点上，切实扛起两大国家战略的重大历史使命，以红船起航地的忠诚和担当，迭代升级、再造嘉善，奋力推进"双示范"建设，努力争创社会主义现代化先行示范区，以优异的成绩庆祝中国共产党成立100周年。

是为序。

2021 年 5 月

（作者系中共嘉兴市委常委、嘉善县委书记）

目　录

前　言

　　明宣德五年（1430）三月二十八日，嘉善从原嘉兴府嘉兴县中析出，单独立县。同一府中这一时期新析分出的县还有秀水、平湖和桐乡。嘉善县处于水乡泽国，地势大都平坦，唯西南部与嘉兴县交界处有胥山耸峙。胥山，相传后世为纪念伍子胥而命名。县西北与苏州府吴江县（今江苏苏州吴江区）接壤处有一著名的湖泊——汾湖。嘉善县境内则是"环以百川，陆无长驱"，水路交通发达，居民出行多以舟船代步。[①]

　　在向北距离县城所在地魏塘镇约二十里的永安乡，有一片水域名叫沉香荡。[②]（见图1）沉香荡的南岸，自南宋末以来，生活有丁氏一族。明代隆庆五年（1571），一位名叫丁宾的族人进士及第，迈入仕途。丁宾出生于明嘉靖二十二年（1543）的正月，字礼原，初号敬宇，晚称改亭，几十年宦海沉浮，历官句容县知县、御史、南京大理寺右寺丞、南京都察院右佥都御史提督操江等，最后官至南京工部尚书。天启初年致仕回乡后，又在沉香荡畔生活了十余年，至崇祯六年（1633）去世，享年九十一岁，谥号清惠，称丁清惠公。

---

① 光绪《重修嘉善县志》卷一《区域志一》、卷二《区域志二·水利》，清光绪十八年（1892）重修、民国七年（1918）重印本，《中国地方志集成·浙江府县志辑》第19册，上海书店1993年版，第276—278页、第297页。正德《嘉善县志》卷三《桥梁》，抄本，第23页a。

② 史料中也偶称沉香湖、沈香荡、沈香湖。

图1　今天的沉香荡

　　丁宾是晚明嘉善县中有重要影响力的大乡宦。官场中留有"模范官僚"的称号，地方社会中则有"博济""好施"的赞誉。沉香荡畔更是留下了有关丁家的深深烙印。

　　明崇祯九年（1636）九月，著名的地理学家、旅行家和探险家徐霞客从家乡江阴出发，经无锡、苏州、昆山、青浦，于当月二十五日到达嘉善县。行至沉香荡附近时，天色已晚，徐霞客被湖荡中听蟹声的群舟所惊，遂停泊至旁边的丁家宅留宿。① 遗憾的是，此时丁宾已去世三年之久，二人未能谋面。清代，嘉善文人孙燕昌有一首专门描写沉香荡夜色的《竹枝词》："雅

---

① （明）徐弘祖《徐霞客游记校注》（增订本），"浙游日记"，朱惠荣校注，云南人民出版社1985年版，第122页。

与孤山一例看，朔风吹破蜡千丸。披图静对横斜影，犹带香湖月色寒。"① 这样的月色湖光大概很容易让人忘却烦恼、陶醉其中。清初的丁氏后人丁桂芳也曾吟咏道："千缕萦愁明月夜，一钩沉水钓无痕。"② 仿佛月夜下的沉香荡已将自己的忧愁涤洗得一干二净。丁宾的先祖及后代就生活在这样一片湖荡的周围，世代经营，繁衍生息。

---

① 光绪《重修嘉善县志》卷三十三《艺文志四·诗词》，《中国地方志集成·浙江府县志辑》第 19 册，第 906 页。
② 光绪《重修嘉善县志》卷三十三《艺文志四·诗词》，《中国地方志集成·浙江府县志辑》第 19 册，第 902 页。

第一章　香湖丁氏

家族传承与历代经营

像江南大部分家族的迁徙记忆一样，嘉善丁氏对祖先的追忆也是从随宋室南迁开始："吾宗自宋高宗时，扈驾南渡，宗系数人，散居浙之各郡。"至宋理宗在位期间（1225—1264），他们中的一支在当时两浙西路嘉兴府的沉香荡附近定居繁衍，是为丁宾的祖先。[①]这里靠近太湖流域的淀泖低地，河流湖荡密布，被奉为始迁祖的丁氏称"五三公"。（见图2）五三公具体从哪里迁来，为何选择了沉香荡畔的这片土地，以及他从事何种生业，这些问题今天已难以得知。

在子孙口耳相传的家族记忆中，这位五三公被描绘成一位"葆藏噩浑，尊尚古风"的人，并为后代立下了世代遵守的"遗规"。初到新的生活环境，五三公似乎并没有经历筚路蓝缕的艰辛，他的家宅门前置有两尊石狮，仅从这一点便可看出南宋末时的丁宅已不是贫苦人家的小门小户。难得的是，这

[①]　丁桂芳、丁策定《香湖丁氏家乘》（以下简称《家乘》，见图3）卷三《始祖五三府君传》，乾隆三年（1738）刻本，第1页a，《中国国家图书馆藏早期稀见家谱丛刊》，线装书局2002年版。

4

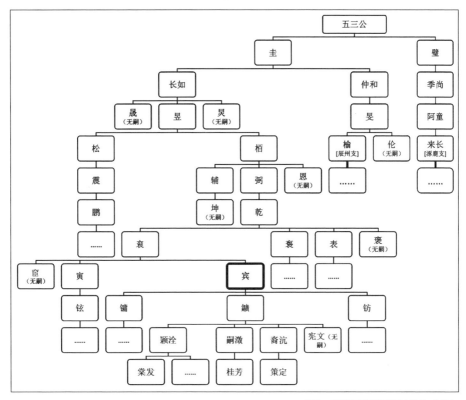

图2　香湖丁氏世系图（部分成员）

两尊石狮至明清时代依然矗立着。①

　　五三公膝下有二子，长子名圭，字焕章，生于元代初年。与那个时代的许多汉人相似，丁圭隐居乡间，"远谢市喧"，与政权保持着距离。同时，他本人对家业生产也不十分感兴趣，反而更像一个文人，如"键户日亲图史，湖畔观澜，花前得句，有吟风弄月之思"。殷实的家业和文化修养，使得丁圭在乡间有了一定的威望。② 不久，丁氏迎来家族发展历史上的第一个高潮。

---

① 　丁桂芳、丁策定《香湖丁氏家乘》（以下简称《家乘》，见图 3）卷三《始祖五三府君传》，乾隆三年（1738）刻本，第 1 页 a，《中国国家图书馆藏早期稀见家谱丛刊》，线装书局 2002 年版。

② 　《家乘》卷三《二世祖焕章府君暨祖妣马孺人传》，第 2 页 a。

丁圭的长子，名长如，别号海鹤，生于元末。丁长如自小聪颖，得父亲亲自教导，一心向学，"日手一编，与古昔圣贤相质对"，他学《诗》学《礼》，善于作文，尤长于诗赋。长如性格内敛，待人朴诚，常以孝悌、和睦之理教导家人，俨然一位乡间严谨老者。①

明洪武十二年（1379），时任嘉兴知府薛祥遵从明太祖网罗人才的选举政策，从地方富户中选用官吏充实各级官僚机构。丁长如因"能诗、容止端谨"被荐举为"人才"。洪武十九年（1386），②四十一岁的丁长如被授予湖广黄州府通判一职，分掌一府的粮运、督捕、水利

图3 《香湖丁氏家乘》封页

等事务，位列六品。黄州府，乃"四省冲剧"之地，向来"地广赋繁"。清代规划州县等级时，黄州府占"冲、繁、难"三字。③丁长如在任上兴水利、课农桑、平狱讼，算得上勤勤恳恳。任满一期后，丁长如主动辞官，携一童仆和半箧书籍及自撰的诗文数卷，返回了家乡。

明初刑罚严苛，致仕乡绅大多谨慎，恪守本分。丁长如也是如此。居乡后，他督令儿子们按时完纳国课，自己则主要以学问诗赋的交流为消遣，"日唯与后生辈辨析六经，间结诸耆英赓吟花月"。郡邑长官"多有式庐求教"，但终不得一见。④

① 《家乘》卷三《征君丁海鹤公传》（李维桢撰），第3页b。
② 家谱卷三所收丁长如传记中的入仕时间与家谱世系表中所写的洪武九年（1376）不符合。据《明太祖实录》，薛祥于洪武十三年（1380）从嘉兴知府升转为工部尚书。故传记所载的时间应是正确的，即洪武十二年（1379）荐举，十九年（1386）授官。
③ 《清史稿》卷六十七《地理志十四》"湖北条·黄州府条"，中华书局1977年版，第2173页。
④ 《家乘》卷三《征君丁海鹤公传》（李维桢撰），第4页a—b。

丁长如晚年，适逢嘉善立县。明宣德四年（1429），大理寺卿胡㮚巡视嘉兴府，因见当地地广赋繁，遂奏请划增县。于是宣德五年（1430），嘉兴县东北境的迁善、永安、奉贤三个完整乡和胥山、思贤、麟瑞三乡的部分被析出，另置嘉善县，隶嘉兴府。① 丁氏所居之地为永安乡，遂入嘉善县，属永八北区。

新立县后的嘉善，地势南高北低。县治所在的魏塘镇和北面的西塘镇发展最早，文物最盛。永安乡所在的北境，田低畏水，排涝工作量大，水田产量并不高，百姓中从文业儒的比例不高，"民质颇粗"，但也相对安稳，容易治理。②

嘉善县第一位知县名郑时，山东沂州（今山东临沂）人，宣德六年（1431）从顺天府玉田县调往嘉善执政。与郑知县共同管理新县的较早一批佐贰官还有县丞，如湖广人陈源、福建人苏长友、江西人詹茂亮，以及早一年到任的典史、北直隶人杨谦等。③

新县始建，百事待举。许多耗费人力、财力的事务，除了官方的支给，还需大量依靠民间。当时县中"募民供役甚亟"，而无论正役的签派，还是额外的需索，县邑大户都不可避免地要承担更多。

比如县学文庙中的礼殿，因经费有限，最初的建设中并没有余力完成。到宣德八年（1433）时，在嘉兴知府齐政的压力下，礼殿的兴建终于提上日程。但官府因"工巨费繁，不欲征诸细民"，于是"召邑之巨姓"来协助。家境丰饶的陆氏被推向官府，富民陆坦捐银三百多两，助文庙礼殿落成。④ 陆氏乃大地主，在县北境汾湖一带拥有数千亩肥沃的湖田。捐助礼殿前的两

---

① 详参光绪《重修嘉善县志》卷一《区域志一·沿革》，《中国地方志集成·浙江府县志辑》第 19 册，第 275 页。嘉善县志编纂委员会编《嘉善县志》，三联书店 1995 年版，第 40 页。

② 正德《嘉善县志》卷三《风俗》，第 1 页 b。

③ 光绪《嘉善县志》卷十四《官师志上·职官》，第 504 页。

④ 正德《嘉善县志》卷四《嘉善儒学记》（黄泽撰），第 3 页 b—4 页 a。

年,陆氏在汾湖边构筑房屋十多间,建了一所义塾。^①也许正是基于这些缘故,与文化教育相关的文庙建设,被安排在了陆氏身上。

再比如,义仓的仓廪。正统五年(1440),皇帝接受大学士杨士奇的建议,考虑明初设置的预备仓制度渐废,遂派六部各官员前往全国各地,协同地方官员,"修预备之政"。仓储来源,除了售卖"官司收贮诸色课程、并赃罚等项钞贯杂物"换得稻谷米粟外,便是寄希望于当地"丁多田广及富实良善之家,情愿出谷粟于官以备赈贷"。^②负责浙江省事务的是刑部署郎中刘广衡,以及浙江右布政使方廷玉、按察副使王豫。在嘉善县,他们"召区、里

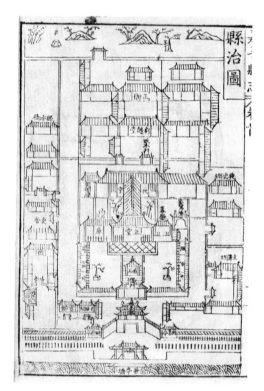

图4 嘉善县县衙(据万历《嘉善县志》卷首)

---

^① 正德《嘉善县志》卷四《汾湖义塾记》(曹鹤龄撰),第37页b。
^② 《明英宗实录》卷六十九,"正统五年秋七月辛丑"条。

之长，及乡之耆民，群聚于庭，谆切训饬"，最终达到了使"邑中富羡之家仰聆玉音，感激奋励，愿出谷输于官"的效果。不足十天，大户捐谷米麦共一万四千七百三十石。官府再许以这些大户一些荣誉性嘉奖，"劳之以酒果，荣之以缯綵，即日具名以闻"。[①] 这实际上意味着在从中央到地方高官的压力下，民间大户被迫捐输。在此基础上，嘉善县于正统六年（1441）建立起了自己的太平仓与便民仓。[②]

这便是设县之初丁氏家族要面临的情势。此时丁长如已经八十多岁，仍然在儿子的协助下，承应诸役。有明确记载的，是丁氏在县治衙署与县学建设中的贡献。（见图4）

衙署作为以知县为首的基层官吏办公和生活的空间，是一个县的政治中心。一般而言，明代县级衙署的建筑采取均横对称的纵横轴线模式来布局。位于中心的当然是核心建筑——州县大堂，主要包括正堂、左右厢、堂前廊廡、池塘树木等。外围还有仪门、谯楼、仓房、马厩、宾馆、门房以及后衙等一系列建筑。[③] 嘉善县的县治设在魏塘镇，衙署在元代万户陈景仁所辟的西园的基础上增建而来。[④] 为补费用之不足，知县郑时率县丞、典史等人，捐出部分俸禄，又广借"乡间好义之士"之力。[⑤] 筑县衙谯楼时，石料不足，丁长如曾"拆祖基旧岸"来补充。[⑥]

宣德七年（1432）时，长如又在县学的兴建中"撤所居建明伦堂"，明伦堂一度成为县学中唯一的正式建筑。

鉴于丁长如的乡绅身份，以及他为新县营建所做的贡献，嘉善的第二位知县李逊在丁长如去世后不久，设专祠（见图5）以纪念。该祠靠近丁氏家

---

① 正德《嘉善县志》卷四《嘉善义仓记》（黄淮撰），第20页a。
② 正德《嘉善县志》卷一《公署》，第19页b。
③ 参见柏华《明代州县政治体制研究》，中国社会科学出版社2003年版，第102—111页。
④ 正德《嘉善县志》卷三《古迹》，第15页b。
⑤ 正德《嘉善县志》卷四《嘉善县记》（张魁撰），第1页b。
⑥ 《家乘》卷三《征君丁海鹤公传》（李维桢撰），第5页a。

图5　丁长如（海鹤公）的丁公祠
（据《香湖丁氏家乘》卷六《祠墓宅舍》附图）

族的生活区域，在沉香荡南岸的南号圩。祠基四亩九分，祭田九亩。[①]

　　丁长如的儿子中，只有次子丁昱留下了子嗣。由于长兄丁晟体弱多病，丁昱很早便辅助父亲承担起家业。立县时签派的诸役，耄耋之年的丁长如自然难以亲力亲为，故一切"捐资赴役"的任务都落在丁昱身上。

　　自五三公定居沉香荡，到丁昱这一代已经是第四世，虽然家族人数仍不多，但丁长如的荐举入仕，使丁氏家族在这一时期不再是庶民身份，追溯家族历史、宣扬家族传统和恤宗睦族成为一个必要的选择。丁昱在这方面做了很多工作，如修祖墓、恤宗党，力求在没有族人继续出仕的情况下，家族

---

①　雍正《续修嘉善县志》卷三《祀典》，清雍正十二年（1734）刻本，《中国地方志丛书》，台北成文出版有限公司1983年版，第101页。

向上发展的趋势不因丁长如的去世而迅速回落。① 家谱的初步撰修，则由丁昱的次子丁栢实施。据现存丁氏家谱所言，丁氏早期曾编纂过谱牒，但在元代末年毁于火。从实际的记载来看，香湖丁氏没有将祖先与遥远华胄相连接，家族的历史记忆一直始于五三公。丁栢所修得家谱"上列祖妣，下列宗支，中详徭籍户帖"。后世的几次家谱续修，皆以此为起点。尽管没有出仕，也没有科举身份，但丁栢总是以士大夫、儒士的形象在乡间生活，"动遵礼法，每燕贺必衣深衣、巾幅巾，步履折旋"。②

丁栢有三子，其中幼子无嗣，长子辅生坤，后绝嗣。家族传承主要由次子丁弼承担。丁弼号梦椿，生于天顺三年（1459），他"禀性坦易，与人不设城府"，但遇事有自己的原则和坚持，厌恶"一切浮獕刻薄之态""不为奇邪侥幸之事"，总体给人以"长厚"的印象。时值明代中叶，远离了易代时的战乱，江南经济在近百年相对稳定的环境中不断发展。丁弼依托原本富厚的家业和厚道稳重的性格，专心于生产经营，抓住了这一发展时机，最终"能式廓先业之遗"。③ 正德初年，全国普遍遭天灾。五年（1510）春，嘉善大水，"水涨滔天，及树杪"，冬天又极冷，"冰坚旬余"。第二年春夏之际，县域疫病流行，死者枕籍。两年的灾情，使得农业减产，造成第三年百姓普遍"乏食"。④ 为了赈灾和恢复生产，政府有针对性地连续三年施以恤政，免逋税、减夏税麦及丝绵等。⑤ 但是丁氏在这场大灾中基本无虞，后人将其归功于丁栢夫人方氏的提前预备、储粮应荒，但其基础应该是当时家族经济实力的大幅提升。

丁弼只有一子，名乾，生于成化十四年（1478）。丁乾是早产儿，其母

---

① 《家乘》卷三《曾祖考德昭府君暨祖妣陆孺人传》（丁乾撰），第9页a。

② 《家乘》卷三《显祖考叔端府君传（附伯考汝忠公）》（丁乾撰），第11页a。

③ 《家乘》卷三《显曾祖考梦椿府君暨妣方氏孺人传》（丁宾撰），第13页a—14页a。

④ 光绪《重修嘉善县志》卷三十四《祥眚》，《中国地方志集成·浙江府县志辑》第19册，第674页。

⑤ 《明英宗实录》卷六十一、卷六十八、卷九十三，"正德五年三月辛未"条、"正德五年十月辛亥"条、"正德七年十月庚申"条。光绪《重修嘉善县志》卷九《恤政》，《中国地方志集成·浙江府县志辑》第19册，第189页。

怀孕仅七个月便生下他。因此，丁乾一直身体羸弱，且极有可能患有哮喘。但身为独子，且叔伯均不济的情况下，丁乾不得不一人肩负起家业。丁乾常常需要一大早召集家中仆人，安排一日的生产生活，然后只身划一小舟，行二十余里水路，从沉香湖至县城，亲身应付县中的种种徭役，至日落后回到家中，还需再检查询问早晨安排给诸仆的事务是否已尽数完成。除了在本地承役，丁乾还担任着粮长的职务。嘉善所处的江南地区，有明一代一直有征收"白粮"、并民运入京的重役。因此，丁乾必须每年定期前往北京和其他交税之地，输送一区之税粮。①

正是在这一时期，丁氏家谱资料中第一次出现了"家苦徭役"的字眼。明代中叶，王朝的赋役制度安排开始崩坏，基层社会中包括里甲、均徭、杂役在内的各类赋役不断增加、变形，且日渐向庶民地主倾斜。此时的丁氏家族距离丁长如的出仕已过去了四代人，早已无所庇护。

不过，赋役虽苦，丁家的日常生活和文化娱乐并没有受到明显的影响。比如，为了娱亲，每逢节令以及父亲丁弼的寿辰，丁乾总是在家中一连数日大摆宴席，"治供具饮，诸觞者留连日夜"。这是彰显家族孝行、财富以及扩大声望的一种方式。丁乾显然在这方面做了很多努力。他为自己取号"梅隐"，缘于祖宅中有一株始祖五三公亲手所植的黄梅："历宋元明阅四百年，古干盘结，花开时金蓓傲寒，蜜脾吐馥。"丁乾"挹花香、怀祖德"，于是自号"梅隐"。②他的四个儿子则分别以怀梅、思梅、忆梅、慕梅为号，再一次强化了黄梅这一意象。

事实上，这株黄梅不是在丁乾时才被"发现"，据传早在元末时，倪瓒和杨维桢都曾题咏过。丁长如致仕后，有《对故园黄梅诗》："三年薄宦走尘埃，解组还歌归去来。才到草堂先一笑，不将冰雪付黄梅。"③梅花向

---

① 《家乘》卷三《累赠资德大夫正治上卿太子少保南京工部尚书显祖考梅隐府君传》（丁宾撰），第 18 页 a—b。

② 《家乘》卷三《梅隐丁公墓表》（黄洪宪撰），第 15 页 a—b。

③ 光绪《重修嘉善县志》卷三《区域志三·古迹》，《中国地方志集成·浙江府县志辑》第 19 册，第 66 页。

来是文人喜爱之物，丁乾父子们以这样一个文学意象颇浓之物来自号，意图不言而喻。"黄梅"也成为嘉善香湖丁氏家族的一种象征。

在丁乾的经营下，他与文徵明以及同邑名士袁仁（袁黄之父）都有了交集。丁乾还续撰家谱，大大地扩充了体例和内容，分为诏令、系表、家传、祠墓宅舍四个类目。此后的历次修谱均按照此体例框架进行。①

丁乾有四子，除长子外，其他三子要么无嗣，要么两代之后绝嗣。长子名袞，号怀梅，生于正德五年（1510），是丁宾的父亲。丁袞少年时曾打算一心以科举为业，但因父亲丁乾早逝，而自己是家里的长子，所以不得不放弃理想，承担起养家的责任。②这时，赋役仍然是丁氏的一大负担，且有日趋严重的迹象。

丁袞接续父亲仍然担任着收粮解粮的重役，压力与日俱增，令丁袞疲劳不堪。但他不愿使用手段逃避，说"吾而逸，谁当其飦者"。③

嘉善自设县后，一直没有城池。到正德五年（1510），知县胡洁建了东西两个城门宾旸门和平成门，以备启闭。嘉靖年间，江南倭乱频发，为守卫百姓，嘉善在地方大员的主持下开始修建完整的城池。城池修筑工程浩大，从嘉靖三十三年（1554）十月持续到第二年（1555）的三月，建有城墙、城壕、水门、陆门、月城、望楼、墩台、窝铺等。除部分费用出自公帑，其余超过三分之一的花费"照丁田派征诸民以助役"。④丁袞被征以最繁重的修筑水门之役。但丁袞没有太多的抱怨，表示"公役也，何屑屑与"。⑤

赋役的重担外，生存环境的竞争也日渐严峻。各类欺压和纠纷不断发生，幸运的是，丁袞性情严峻、强硬，极有性格，"生平喜赴义，一饭之恩不敢置之，

---

① 《家乘》卷三《梅隐丁公墓表》（黄洪宪撰），第16页a—b。
② 《家乘》卷三《封文林郎句容令怀梅丁翁墓志铭》（王世贞撰），第24页a。
③ 《家乘》卷三《封文林郎句容令怀梅丁翁墓志铭》（王世贞撰），第23页b。
④ 光绪《重修嘉善县志》卷二《区域志二·城池》，《中国地方志集成·浙江府县志辑》第19册，第55页。
⑤ 《家乘》卷三《累赠资德大夫正治上卿太子少保南京工部尚书显考怀梅府君传》（丁宾撰），第27页a。

然亦不能忘睚眦", 有一股敢作敢为、不畏强权的豪气。这种人格意志有效地帮助丁衮应付乡间生活中袭来的诸多意外。

丁乾在世时, 同邑中便有闾左豪户与丁氏为难。丁衮当家之后, 这些人意图再次发难:

> 谋起狱窘公, 所讼牒后先且三十六纸, 公挺身出而直之, 诸少公者咸服, 而一族子独嚣。以公故腴田九百亩为赝券, 浅直投余姚之贵人某。贵人来行田, 公长揖曰: 贵人故贵耳, 不能加桑梓, 即某欲事贵人, 不敢以先人之饘粥为赘。贵人无以应, 曰: 与之邑庭质之。公请摄诸佃户与族子对, 呼曰: 某某。其族子不能识也。取券而验其迹, 族子迹也, 乃以其田归。①

第一个回合中, 豪户们试图发起官司诉讼, 将丁衮送进监狱, 被丁衮抵御住了。第二个回合, 其中一人不甘心, 于是冒充丁氏族人, 指摘丁衮目前所拥有的900亩肥沃土地的凭证为假, 并拉来余姚县的一位有权势的贵人为奥援, 欲抢夺这900亩良田。丁衮态度坚决, 不肯白白送出大面积田产, 二人遂在县衙当庭对质。丁衮招来租种土地的佃户, 最终揭露了那个冒充丁氏族人所设的骗局。

又一次, 有人试探丁衮, 想将自己应担的徭役转嫁到丁衮身上, 丁衮道: "役吾役, 为义; 代他人役, 为不义。且某非贵人家马牛也。" 守分秉直的丁衮言辞凿凿, 丝毫不让, 那人只好作罢。②

在刚成亲时, 丁衮的经济状况一度不太好, 夫妻二人备尝劬苦。丁衮与妻子吕氏苦心经营, 才有了好转。从围绕900亩土地的纠纷来看, 丁衮当时所有的田产, 必已在千亩以上。纠纷平息后, 丁衮将这900亩土地分给弟弟们, 嘱咐他们: "善有之, 毋以饱他人腹也。" 除了大规模的土地经营外, 丁衮

---

① 《家乘》卷三《封文林郎句容令怀梅丁翁墓志铭》(王世贞撰), 第23页a。
② 《家乘》卷三《封文林郎句容令怀梅丁翁墓志铭》(王世贞撰), 第23页b。

可能还经商，他对金钱的态度显示了一个经商之人的思维："钱者，泉也，宜流通，砭砭吝守，为造物所忌。"① 这种多种经营的方式，在明中叶的江南地区普遍存在。日本学者滨岛敦俊广泛考察过江南乡村家族的生产模式后发现，在三角洲土地开发加剧和商品经济发展的刺激下，乡间占有大量土地的地主，一方面将土地出租给佃农以收租，或者亲自役使奴仆直接进行农业经营，另一方面会在农闲时间从事客商或坐商类的商业营利活动。②

丁衮在自然环境与社会环境都发生了明显变化的情形下，竭力维护和扩大家业，又精心培养儿子们读书科考。多年之后，丁宾终于不负家族和父亲的重托，跻身官僚精英阶层，带领丁氏走上了另一条发展轨迹。

时代环境与挑战

如前文所揭，从南宋末年定居沉香荡开始，丁氏家境即十分殷实，是那个时代广泛出现的"富户""富室"阶层中的一员。现有研究已基本探清，中唐以来，特别是宋代以来崛起的这一新的社会阶层，主要依靠乡村中的土地经营致富，同时也包括一些以工商业等其他途径致富的情况。③

江南地区，经过魏晋之后的开发，在唐代时已经是"茧税鱼盐，衣食半天下"的富庶之区。五代吴越时期，江南地区农田水利得到广泛修治，"五里一纵浦，十里一横塘"的水网系统基本形成。④ 江南地区农业生产条件和

---

① 《家乘》卷三《累赠资德大夫正治上卿太子少保南京工部尚书显考怀梅府君传》（丁宾撰）、《累赠夫人显妣吕夫人传》（丁宾撰），第 27 页 a、第 30 页 a—b。（明）唐枢《明故丁室吕硕人墓志铭》，丁衮夫妇合葬墓出土。

② 可参考（日）滨岛敦俊《土地开发与客商活动——明代中期江南地主之投资活动》，载《第二届国际汉学会议论文集》，台北"中研院"1989 年版。（日）滨岛敦俊《明代松江何氏之变迁》，载陈支平主编《相聚休休亭：傅衣凌教授诞辰 100 周年纪念文集》，厦门大学出版社 2011 年版，第 109—129 页。

③ 参见林文勋《中国古代"富民社会"的形成及其历史地位》，《中国经济史研究》2006年第 2 期。

④ 参见缪启愉编著《太湖塘浦圩田史研究》，农业出版社 1985 年版。

能力大为提高,一年两熟制在南宋时普遍推行,稻麦产量大增,江南这时成为全国的"粮仓",有"苏湖熟,天下足"之谚。① 宋代乡村经济的另一个重要发展,是商业性农业和经济作物种植的扩大,面向市场的家庭手工业有了显著的发展。②

丁氏祖先就生活在南宋末这样一种发达而活跃情形下的江南乡村中,他为自己的家庭建起规整的宅院,内植黄梅,外有石狮守门。经历元代到明中叶,这约三百年的过程中,丁家没有跃升为仕宦显贵,也没有明显衰落的阶段,保持着相对平稳的生活状态。

其中,明洪武年间丁长如短暂的入仕,是家族平稳发展中的一个小高潮。明代前期的黄州府,从制度规定上看,主要官员从高到低包括一员知府、一员同知、两员通判和一员推官等。③ 不过丁长如在黄州府志书中却未被记载只言片语,他的任官经历与事迹主要由丁氏后人记载保存在《家乘》,并进入嘉善、嘉兴的地方史志中。丁宾对家族历史的撰写,一直非常看重丁长如的出仕。他写道,丁长如的荐举,"扬声竹帛,光启宗枋,垂裕后昆,厥维皇哉",而他自己在近两百年后的中举为官,是"远承祖训,幸接书香,通籍明时,劢勤帝载,蒙列圣眷赉之恩,宠荣洊赍,何莫非吾祖德之笃佑也"。④ 丁宾为丁氏一族的定位是以"荐举起家",可见他对这位先祖的推崇之意。

保留至今的丁氏家谱《香湖丁氏家乘》,由丁宾的重孙丁策定、丁桂芳二人在乾隆年间编撰而成,家族世系以五三公为始,至乾隆初年共记录了十七世族人。

其中,五三公长子丁圭一脉,丁圭生二子长如、仲和。洪武初年,次子

---

① 参见洪焕椿、罗仑主编《长江三角洲地区社会经济史研究》,南京大学出版社 1989 年版。魏嵩山《太湖流域开发探源》,江西教育出版社 1993 年版。
② 参见漆侠《宋代经济史》(上),上海人民出版社 1987 年版。
③ 弘治《黄州府志》卷二《职役》,明弘治刻本。
④ 《家乘》卷三《二世祖焕章府君暨祖妣马孺人传》(丁宾撰),第 2 页 a。

仲和因罪被充军至湖广辰州卫。① 仲和有孙名伦,"由生员官至提举"。② 提举一职,宋、元都置有此官,明代盐课提举司、市舶提举司等,皆以提举为长官,工部所属大通关提举司也是以提举为长官。③ 丁伦的具体官职记载不详,且他本人无嗣,可能较为年轻时便去世了,后来归葬沉香荡祖茔。五三公次子丁璧一脉,在第四世阿童时,又因罪于永乐八年(1410)被发配直隶涿鹿卫,后代遂称涿鹿支,至七世而绝嗣。

由上可知,丁氏在早期发展中有两支族人远迁他地,这意味着从第四世开始,留在嘉善的便只有丁长如一支。《家乘》中,对于迁居外地的涿鹿和辰州两支族人的情况,记载非常简略,生卒年和葬地大多无考。

丁氏家乘经历了丁栢、丁乾、丁宾以及丁策定、丁桂芳的历次修撰、校正,仍然不是一部十分严谨的谱牒,其中有多处明显的错讹。如前述关于丁长如入仕的时间,世系表中将洪武十九年(1386)错写成了洪武九年(1376)。第四世丁昱的卒年,世系表将正统十四年(1449)错写成正德十四年(1519),时间差距巨大。另外,在丁宾为五世祖丁栢撰写的传记中称,其父亲丁昱去世时,丁栢只有"稚龄",而根据前后两代人的生卒年判断,这时丁栢已经二十五岁,早已算不上稚龄,且丁栢的寿数也不是传记中所写的六十八,而应该是世系表中所记的七十二岁。④

丁氏族人多长寿,七十岁以上去世者并不罕见。第一、二世先祖生卒已不可考,第三世丁长如寿九十岁。第四世丁昱寿六十一岁,第五世丁栢、第六世丁弼都寿七十二岁。第七世丁乾,是丁氏几代人中最短寿的,享年五十三岁,这也许跟前述丁乾是早产儿且操劳过度有关。第八世丁衮寿

---

① 丁宾中式的登科录上记载丁氏为军籍。香湖丁氏被编入军籍可能即是从明初丁仲和充军开始的,但所见资料中并未看到军户户役对于生活在嘉善原籍的族人的影响。关于明代军户家庭应役的情况可参见于志嘉《再论族谱中所见的明代军户——几个个案的研究》,《"中研院"历史语言研究所集刊》第63本第3分,1993年;(加)宋怡明《被统治的艺术:中华帝国晚期的日常政治》,中国华侨出版社2019年版。

② 《家乘》卷二《世系》,第5页b。

③ 参见贺旭志、贺世庆编著《中国历代职官辞典》,中国社会出版社2003年版,第381页。

④ 《家乘》卷三《高祖叔端府君暨鲁硕人传》(丁宾撰),第3页a。

七十三岁，其子丁寅寿六十一岁、丁宾寿九十一岁。

明代中叶以来，社会环境与秩序逐渐恶化。明初设置的赋役制度，经过百余年的发展逐渐变形，赋役沉重、签派不均成为基层社会中的一大弊病。如丁氏曾承担的粮长职役，正德朝之后，随着官绅优免的扩大、民户的逃亡，税粮征收基础的里甲制逐渐解体，田赋征解愈加困难，大量的亏欠都责纳到粮长头上，这时的粮长唯赔累不迭，再也没有宣德之前的威权。①生活在明中叶的松江人何良俊就亲身体会到了赋役环境的变化。他的父亲曾担任粮长五十年之久，那时"公税八月中皆完"，粮长便可归家平坐，既没有通负之累，也无其他差役侵扰。百姓被签派的劳役并不多，"十一在官，十九在家，亦家富人足"，能够安心务农生产。但正德、嘉靖以来，"赋税日增，繇役日重，民命不堪"。作为赋役编派基础的里甲制度渐趋崩溃，"十分百姓言之，已六七分去农"，原本每甲十户，现今"一甲所存无四五户，复三四人朋一里长"，承役基数减少，导致"公家通负日积，岁以万计"，而"差役沓至，征租索钱之吏，日夕在门"。②

这一切的变化，对于没有官户背景的庶民大地主来说，是沉重的打击。正像嘉靖初年任浙江左布政使的许赞所作的"浙民歌"所言："弘治人人营着役，正德人人营脱役，今年着役势如死，富家家业几倾圮，串名四五犹未已！"江南地区普遍出现"大户轮役既频，加以他故，其家鲜有不亡"的景象。③

丁氏自始祖五三公起，到明代中叶，每一代的子嗣都不算兴旺，最多不超过四子，并且常有早夭或绝嗣的情况，因此从实际传承来看，呈现出接近每代单传的样态。如此，便避免了一代代析爨时的诸子均分家产，减轻了家业的稀释化，有利于财富的持续积累。

但几代人的累积，在明代中叶依然逃避不掉"家苦徭役"的宿命。丁宾的祖父丁乾和父亲丁衮，都疲于应对。丁衮将900亩田产分给弟弟们的行为，

---

① 参见梁方仲《明代粮长制度》（校补本），中华书局2008年版。
② （明）何良俊《四友斋丛说》卷十三《史九》，中华书局1959年版，第109—112页。
③ 嘉靖《江阴县志》卷五《徭役》，明嘉靖二十七年（1548）刻本，《无锡文库》第一辑第一册，凤凰出版社2011年版，第364页。

除了显示问心无愧和无私之外，用减少自己户头名下持有土地的方式，减轻赋役的负担，也极有可能是一种考虑。毕竟每户土地的多寡是编派赋役的最主要标准。与此同时，频繁出现的丁氏与其他所谓"豪户"的纠纷，也不是特例的现象。在江南乡村社会的许多地区，都有类似的家族冲突发生。日本学者中岛乐章曾研究过明代徽州地区茗洲吴氏宗族遭遇的诉讼纠纷，其中发现吴氏与其他家族的纠纷频繁起来是在十六世纪以后，嘉靖年间尤为显著。中岛认为"明代后期乡村秩序的全盘性混乱之中，宗族间的对立，恐怕也因而日趋深刻化了吧"。[①]

因此，如果大胆做一推断，身处这样一种严峻的生存环境中，如果没有下一代人丁宾的科举成功，丁氏很有可能不久即会走向衰落的道路。何炳棣对明清时代社会流动的长期观察，已经有总结：一个家族在几代之内，如果没有新的科举成功，向下流动的进程会进一步加速。[②] 所幸，丁氏及时摆脱了这一命运。

---

① （日）中岛乐章《围绕明代徽州一宗族的纠纷与同族统合》，《江淮论坛》2000 年第 2、3 期。

② 何炳棣《明清社会史论》，徐泓译注，台北联经出版社 2013 年版，第 203 页。

第二章　丁宾的成功

科考之途的努力

在丁宾兄弟参与科举考试之前，丁氏家族此前的几代人中，看不到有成功开启科考之途的先例。丁宾的父亲丁衮，早年曾有"治博士家言"、走读书科考之路的计划，后来未能实现。丁衮有三子，长子丁窟，次子丁寅，幼子丁宾。丁窟十六岁时不幸夭折，当时的丁宾只有三岁。[①] 丁寅则年长丁宾九岁。

丁寅和丁宾自小便被父亲安排读书应考，熟读四书五经，尤其以《尚书》为重点。丁寅四岁开蒙，十五岁便立志"以硕儒自期"。丁寅对自己的读书之路，应当是抱有坚定的意志和决心的。他身体羸弱，弱不胜衣，常常生病，但异常勤奋，早起晚歇坚持读书。在这样的且病且读中，少年时代的丁寅算得上是青年才俊。嘉靖三十一年（1552），丁寅十八岁，参加县学童子试，表现优异。知县陈道基对丁寅寄予厚望，将他列为第一，并呼之为"小友"。

按照明朝制度规定，县学生员还需要经过提学官主持的岁考、科考两级，才有资格前往省城参加乡试。岁考，也称岁试，列六等，"一等前列者，视廪膳生有缺，依次充补，其次补增广生。一二等皆给赏，三等如常，四等挞责，

---

① 《家乘》卷二《世系》，第 7 页 a。

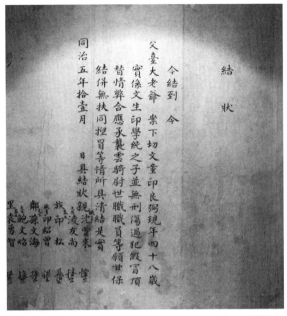

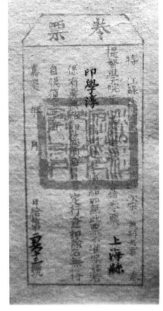

图6　科举结状
（嘉定文庙博物馆藏）

图7　科举卷票
（嘉定文庙博物馆藏）

五等则廪、增递降一等，附生降为青衣，六等黜革"。岁考名列一二等的生员，再参加科考，或称科试，一般分列三等。只有排在前两等者才有资格参加下一届乡试。①

　　乡试每三年举行一次，在子、午、卯、酉年的八月。距离嘉靖三十一年（1552）最近的一次乡试，是嘉靖三十四年（1555）。不过丁寅应当是没有获得这一年的乡试资格，他第一次参加乡试，已经到了嘉靖三十七年（1558）。这一年的考试中，丁寅自我感觉所作的应试之文十分得意，然而却没有考中。三年后，丁寅又在嘉靖四十年（1561）的乡试中败北。这时，丁宾也已长大成人，通过了县学的儒生考试。

　　也许是经历了丁寅两次乡试不中的失意，父亲丁衮决定把两个儿子送到

① 《明史》卷六十九《选举志一》，中华书局2011年版，第1687页。

北京的国子监读书。这是一次具有决定性意义的安排。

丁氏是浙江嘉善人，丁寅、丁宾二人此前就学于本县中，是嘉善县学的生员，因此应参加浙江布政司的乡试。丁寅的两次乡试即是如此。明代自宣德朝正式确立了乡试解额制度[①]，丁氏兄弟要与整个浙江地区的生员考生竞争固定的录取名额。浙江经济繁荣，文化发达，向来是科考大省，竞争激烈，而选择入国子监，便可以在顺天府参加乡试，从而争取更大的科考胜算。

南北两京的国子监在乡试中有"皿字号卷"之例，即取"监"字之"皿"为卷号。此例始于明景泰七年（1456），规定两京乡试中，外地籍的国子监生可以不回原籍应考，而选择在就读的顺天府或应天府参加乡试，录取时"皿字号卷"占三十名或最多不得过三十五名。最初，这一规定其实是要限制监生的录取人数，以保障南北两直隶士子的中式机会。但到明代中后期，这种两京乡试"皿字号卷"定额取录的办法逐渐由"限制"监生中式人数转而为"保障"监生的制度。据相关研究统计，自景泰之后，及第进士中监生的比例逐渐增加，至成化朝达到最高峰，此后至隆庆、万历之际，监生所占比例虽逐渐降低，但仍经常维持在 50% 左右。总计自永乐十年（1412）至万历二年（1574）间资料完整的三十八科会试，及第进士的监生比例平均为 52.62%。[②]

国子监中的监生出身不一，有举监、贡监、荫监和例监之别。其中，在地方生员中选择学行优秀者送国子监读书，是为贡监。贡监之中又有不同，如岁贡、选贡，是按期从府、州、县学中选生员入国子监肄业，每期有名额的限制。纳贡是为生员纳赀入监者之称，不需要依据考试名次选拔。[③]丁寅、丁宾兄弟都有生员的功名，丁袤即是以纳贡之例，为两个儿子换取了国子监

---

① 汪维真《明洪熙、宣德间乡试解额制度的确立与运行》，《史学月刊》2009 年第 8 期。
② 有关明代国子监生与科举乡试的研究，参见林丽月《明代的国子监生》，台湾师范大学历史研究所，1979 年；林丽月《国子监生与明代两京乡试——"明代监生的上升社会流动"余论》，《第六届明史国际学术讨论会论文集》，1995 年。
③ 《明史》卷六十九《选举志一》，第 1681—1683 页。王德昭《清代科举制度研究》，中华书局 1984 年版，第 18—19 页。

监生的资格。虽然需要耗费大量财富，且资格仅限本人、无法世袭，但这对外地籍贯的士子生员来说，是最直接、技术性最简单的一条策略。由此也可以感受到，丁衮父子为实现家族的科举突破，付出了很大的努力。

当时掌管国子监的有曾任裕王讲官、后官至武英殿大学士入内阁的陈以勤，以及嘉靖二十九年（1550）的榜眼、官至万历朝内阁次辅的吕调阳。丁氏兄弟有机会在这些未来的朝廷重臣面前展示自己的才学，其时"二丁之名，轰轰藉甚"。

接下来的嘉靖四十三年（1564），又是大比之年，丁寅、丁宾遂参加顺天府乡试。丁宾一举中式，位列第五十五名，成为举人，时年二十二岁。[①]丁寅再次落榜。据说，丁寅的卷子已经被考官选中，初定第七十名。景泰七年（1456）之后，顺天府的乡试解额一般为一百三十五名，所以丁寅本有中式的机会。但最终"因与季弟相联，遂复落选"。无论如何，丁寅读书应考的能力和运气，都略逊于丁宾，坎坷的科举之路，停在了这一刻。

三次乡试的落第，和弟弟的中举，对丁寅不啻为一大打击。回家之后的丁寅愈加拼命读书，也愈加体孱多病。妻子浦氏理解他"不遇"的苦闷和不甘，忍不住劝解他："显亲扬名即男子事业，顾轻身以期，必获如隋珠弹雀何，智者不为也。且叔氏先鸣，无以太劳。"

嘉靖四十三年乡试之后，丁宾便开始向著名理学家王畿求学问道。丁寅从幼弟处耳闻王学之后也"欣然负笈，不远数百里走谒龙溪老师"。丁寅在王畿处正式接触阳明心学，心有戚戚焉。归家之后书"提醒见在良知"六字为座右铭，"寝起出入观之"。后来，丁寅又从学于另一理学名家、湖州人唐枢。在潜心于良知之学后，丁寅终于放弃了科举出仕之念，"一意以缮性、敦伦为事"。丁衮心疼儿子的怀才不遇，再次为他谒选了一个光禄寺署丞的官衔，但丁寅并不以为意。[②]

---

① 龚延明主编《天一阁藏明代科举录选刊·登科录》，宁波出版社 2016 年版，第 433 页。

② 前述丁寅的科考经历均引自《家乘》卷四《光禄寺署丞清湖丁公行状》（袁黄撰），第 1 页 b—第 4 页 a；《家乘》卷四《丁母浦孺人墓志铭》（董其昌撰），第 6 页 b—第 7 页 a。

在兄长科考受挫、居留家乡之际，丁宾继续准备自己的会试、殿试之路。会试在每届乡试后第二年的二月，于京师举行，由礼部主持。会试录取者称贡士，可以紧接着参加当年三月举行的殿试。殿试，也称廷试，是三级科举考试中的最后一级。参加的贡士不再有黜落，而是决定三甲进士的排名。

丁宾参加了三次会试，历时七年，终于在隆庆五年（1571）进士及第，位列第三甲第三百九十一名。[①]

隆庆五年北上赴京考试时，丁宾与袁黄等一行十人结伴而行。途中，袁黄与一位姓费的朋友聊天，认为丁宾此次一定可以高中，因为"惟谦受福"，袁黄反问友人，同行的十人中，"有恂恂欵欵、不敢先人如敬宇者乎？有恭敬承顺、小心谨畏如敬宇者乎？有受侮不答、闻谤不辨如敬宇者乎？人能如此，即天地鬼神犹将佑之"。[②] 也许真的是得到了"庇佑"，丁宾果然考中，而袁黄自己迟至万历十四年（1586）才及第。

丁宾中进士时年仅二十九岁，早于那个年代进士中式平均年龄约三年多。[③] 用"千军万马过独木桥"来形容科举考试，一点都不为过。明代各省参加乡试的士子人数，从四五千到数万不等，而全国乡试的平均录取率，明初一般为10%上下，成化、弘治年间为5.9%。丁宾参加的嘉靖末年的乡试，录取率降为3.3%。而会试的录取率，永乐二年（1404）之前稍高，为21.7%，永乐四年至万历中期平均为8.4%。丁宾考中进士的隆庆五年，参加会试的举人有4300多名，录取数为400人，录取率是9.3%。[④] 因此，综合来看，丁宾未满三十岁即登科，已十分不易，称得上年轻有为。

这一年辛未科的会试中，皇帝钦点时任少傅兼太子太傅吏部尚书建极

---

① 龚延明主编《天一阁藏明代科举录选刊·会试录》，第597页。

② （明）袁黄《了凡四训》，中华书局2008年版，第125页。

③ 据郭培贵对自宣德五年（1430）至万历三十二年（1604）中共44科《进士登科录》所载12661名进士中式年龄的统计，得知其平均中式年龄为32.77岁。参见郭培贵《明代解元考中进士的比例、年龄与空间分布》，《清华大学学报》（哲学社会科学版）2012年第5期。

④ 郭培贵《明代科举各级考试的规模及其录取率》，《史学月刊》2006年12期。

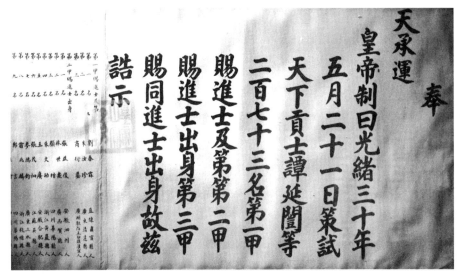

图8 科举金榜

殿大学士的张居正，以及掌詹事府事吏部左侍郎兼翰林院学士吕调阳为正考试官。[1] 其中，吕调阳几年前掌管国子监时，丁宾与兄长正在监中读书。另外还有十七名同考试官，其中较著名的有申时行、王锡爵、赵志皋、王家屏、李维桢、沈鲤等。[2] 考试官与会试中式的士子之间，会自然形成座师与学生的关系，而同一科进士互相之间，则称"同年"，这些因科举考试形成的联系，会构成双方在官场、在地方的广大社会网络。（见图8）并且，这些人际之谊是伴随终生的，不会随着丁忧、罢官或致仕而消失。这正是费孝通认为绅士阶层力量强大的原因，即绅士们可以从一切社会关系，亲戚、同乡、同年等，把压力透到上层，一直可以到皇帝本人。[3]

苏州人顾公燮有一段非常生动的叙述，描述了明季一个士子中进士之后所能"享受"到的巨大威望、权势和身不由己：

---

① 《明穆宗实录》卷五十四"隆庆五年二月己亥"条。

② （日）大野晃嗣《明代会试考官初探——以会试录为中心》，《科举文献整理与研究：第八届科举制与科举学国际学术研讨会论文集》，2011年。

③ 费孝通《基层行政的僵化》，收入《乡土重建》，上海人民出版社2007年版，第281页。

明季缙绅，威权赫奕。凡中式者，报录人多持短棍，从门打入厅堂，窗户尽毁，谓之"改换门庭"。工匠随行，立刻修整，永为主顾。有通谱者，招婿者，投拜门生者，乘其急需，不惜千金之赠，以为长城焉。尤重师生年谊，平昔稍有睚眦，即嘱巡抚访拿。甚至门下之人，遇有司对簿，将刑，豪奴上禀，主人呼唤，立即扶出，有司无可如何。其他细事，虽理曲者，亦可以一帖弭之。出则乘大轿，扇盖引导于前。生员则门斗张油伞前导。婚丧之家，绅衿不与齐民同坐，另构一室，名曰"大宾堂"。盖徒知尚爵，而不知尚德尚齿矣。①

登科前后的这种天壤之别，实在令人惊叹。嘉善香湖丁氏家族因为丁宾的成功，也将附带享受到这种待遇，家族的身份、交游的层级、获取的资源、发展的重心都会与此前大不相同。

科举考试异常激烈的竞争，以及成功后无可比拟的收益，促使许多读书人除寒窗苦读外，也会竭力利用一切可能的条件、资源来寻求捷径。丁衮为两个儿子捐赀入国子监、参加顺天府乡试便是很重要的一条途径。

再如，有学者分析了嘉善邻县平湖县的科第大族陆氏。陆氏一方面同丁氏一样利用捐赀入监的方式，参加顺天府乡试；另一方面为了后代子孙都能有参加顺天乡试的资格，还借助拥有锦衣卫官籍，但已远至七服的同辈，转换籍贯，入籍顺天府。后者被称为"寻觅同姓，假称宗族"，也是当时惯用的一种策略。②再如，晚明苏州府嘉定县的著族侯氏，第一个中进士的人是与丁宾同科的侯尧封。尧封的长子孔诏，最初冒籍在浙江入泮，是因为浙江的学官与侯家关系密切。不过孔诏最终还是引起了当地士子的不满，不得不离开浙江。③像上述这样，士子们通过合法或不合法的方式在科举考试中趋

---

① （清）顾公燮《消夏闲记摘抄》卷上，"明季绅衿之横"条，涵芬楼秘笈本。
② 参见高寿仙《社会地位与亲缘关系的交互建构——以明代科第大族平湖陆氏为例》，《北京联合大学学报》（人文社会科学版）2016年第1期。
③ （清）汪永安辑撰《紫隄小志》卷二《人物》，上海博物馆藏钞稿本，《上海乡镇旧志丛书》第13册，上海社会科学院出版社2006年版，第44页。

易避难的现象，在晚明愈演愈烈，有些因此而成功晋身，有些失败，还有些引发出科场大案。①

丁宾在严格而激烈的科举考试中，抓住了一丝捷径的缝隙。万历二年（1574），丁宾被授官南直隶应天府句容县知县，正式开启为官一方的仕途。万历八年（1580）考满改授山东道御史。第二年，父亲丁衮去世，丁宾遂辞官归乡丁忧。十四年（1586）和十七年（1589）两度起复，丁宾都以身体不好为由未赴任。至十九年（1591）再次起复为江西道御史，却恰逢继母去世，于是再次丁忧。直至万历二十六年（1598），再度起复为南京大理寺右寺丞。至此，经历了约十七年的乡居生活，丁宾终于进入了相对平稳、顺利的仕途，先后任职于南京太常寺、南京鸿胪寺。万历三十四年（1606）八月，丁宾升任南京都察院右佥都御史提督操江，四十年（1612）再升工部左侍郎，却被丁宾以年老多病婉拒北上。四十一年（1613）遂改升南京工部尚书，仍留在南京。泰昌（1620）时，丁宾被授予太子少保衔。天启元年（1621）四月，丁宾以太子少保南京工部尚书致仕。致仕之后，丁宾又分别在天启五年（1625）、崇祯四年（1631）和五年（1632）以耄耋之龄受到当朝皇帝的三次存问，可谓荣耀备至。崇祯六年（1633），丁宾卒，被追赠太子太保衔，享年九十一岁。②

生活空间与婚姻关系

从地理空间上看，嘉善县永八北区的沉香荡周围一带，是丁氏家族生活的核心区域，他们的宅舍以此为中心分布着（见图9）。

宙字圩和中宇字圩是丁氏最早定居和生活的区域。宙字圩西侧，是始祖五三公所建的宅院，三世祖丁长如进一步加以扩建。几代人的风雨后，七世

---

① 张德信《明代科场案》，《明史研究》第七辑，2001年。

② 《家乘》卷四《诰赠光禄大夫太子太保南京工部尚书改亭丁清惠公墓志铭》，第15页 a—19页 a。《明史》卷二百二十一《丁宾列传》，第5829—5830页。

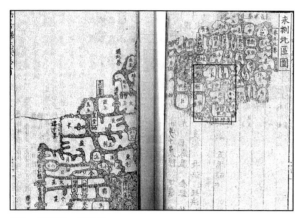

图9 沉香荡一侧字圩
（据万历《重修嘉善县志》卷首《各区分境图》）

图10 腊黄梅
（据《香湖丁氏家乘》卷六《祠墓宅舍》附图）

祖丁乾在原基址上重新加以修葺。① 正是在这处宅院中，有丁乾自以为号的黄梅树（见图10）。

中宇字圩西南部另有一宅，也是五三公时建。初建时，门前置有两尊石狮，到元末，据说被红巾军劈落掉了西边一尊的半个狮面。后来丁宾的父亲丁衮重修这处旧宅，万历之后这处宅院归丁宾的兄长丁寅居住。北宇字圩南部，由丁宾的父亲建有一座新宅，后来成为丁宾的宅第。此外，宙字圩的东侧，也有丁氏的一座旧宅，但建成时间不详。②

丁氏的祠墓坟茔也主要分布在沉香荡附近（见图11）。始迁祖五三公的墓穴在珍玉圩，二世祖丁圭、三世祖丁长如、四世祖丁昱墓穴附从。③ 丁长如的丁公祠在南号圩的南岸。五世祖丁柏墓穴在中宇字圩旧宅的东南，六世祖丁弼和七世祖丁乾则昭穆相附。④ 八世祖中丁襄、丁表和丁褒，也即丁宾的三位叔父，因子嗣不兴，合葬在丁家圩南岸，称"朋寿之茔"。⑤

---

① 《家乘》卷六《宅舍志》。

② 同上。

③ 《家乘》卷六《始祖茔图》。

④ 《家乘》卷六《东桥祖茔图》。

⑤ 《家乘》卷六《朋寿茔图》。

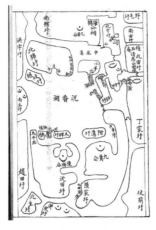 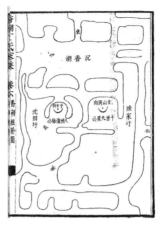

图11　沉香荡丁氏祠墓分布　　　图12　丁衮墓（左）
（据《香湖丁氏家乘》卷六《祠　　（据《香湖丁氏家乘》卷六《祠
墓宅舍》附图）　　　　　　　　墓宅舍》附图）

　　丁宾父亲丁衮怀梅公的墓在沈田圩（见图12—15）。因为丁宾的关系，丁衮最终被追赠为"资德大夫正治上卿太子少保南京工部尚书"。他的墓穴非常讲究。南面是沉香荡。墓穴外有罗城，左有敕命碑亭，右为志传碑亭，前有华表神道，再向外有墙垣，垣前百步许有环绕左右的带河。①

　　至于丁宾本人的墓，则被皇帝赐在当时秀水县的正收圩。② 嘉善县城中，另设有清惠丁公祠，在县衙东约两百步，邻近县内华亭塘和义学后河。祠宇规模颇大，前有门楼五楹，挂有"六朝元老"匾额，向内是纪念皇帝三次"存问"的"三问堂"，再向内有后堂三楹、后宇两进。③（见图16—18）

　　丁宾进士及第、身居高官之后，丁氏家族每次浩浩荡荡的祭扫活动想

① 《家乘》卷六《香湖祖茔图》。另，2011年4月，嘉善姚庄镇沉香村一处施工现场发现了一块墓志铭石碑，后经进一步发掘和鉴定，该地为丁宾父亲丁衮与母亲吕氏的合葬墓。先后出土三块石碑，一是丁衮墓碑"封文林郎句容令怀悔丁翁墓志铭"，另两块是丁衮妻子墓碑"明故丁室吕硕人墓志铭"及碑文。姚庄镇政府在此墓地的基础上兴建了党风廉政教育基地"清风园"。
② 《家乘》卷六《香湖祖茔图》。
③ 光绪《重修嘉善县志》卷七《典秩志上·祠祀》，《中国地方志集成·浙江府县志辑》第19册，第406页。

图13　整修中的丁衮夫妻墓
（2011年7月21日笔者摄）

图14　丁衮夫妻墓墓道石马
（2019年1月22日笔者摄）

图15　丁衮夫妻墓残石
（2019年1月22日笔者摄）

图16　嘉善县城内的丁宾祠堂
（据《香湖丁氏家乘》卷六《祠墓宅舍》附图）

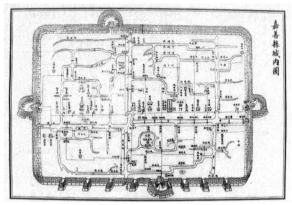

图17　丁宾祠堂在县城中的位置
（据光绪《嘉善县志》卷首《绘图》）

必会在这一带百姓中留下很深的印象。至今，当地仍然有很多有关丁宾父子和家族墓穴的传说。如丁衮的墓地，地形似螃蟹，左右的带河是两只蟹钳，而丁衮本人则被附会成螃蟹精转世。对丁宾的墓也有着绘声绘色的传说，称他为黑鱼精转世，死后不可以离开水，因此墓穴在很深的河底，并用铁链将棺椁悬空吊起，以示游在水中。丁氏族人墓葬的集中分布，又使当地有了"七十二座丁家坟"的说法（见图19）。这些流传至今的传说，充分显示了丁宾家族在当地社会的巨大影响力。

丁宾是家族中的第一个进士，有明一代，后世子孙再无人超过丁宾的成就。但明亡之前，丁宾和其兄丁寅两支中几乎所有成年的子孙都通过各种途径有了高低不等的科举功名。

图18　丁宾祠旧址（今银杏广场）　　　图19　当地传说中的"七十二座丁家坟"之一的位置
（2018年8月8日笔者摄）　　　　　　　（2018年8月8日笔者摄）

丁寅只有一个儿子，名铉，以例捐得一个监生的功名和光禄寺署丞官衔。[①] 丁铉有两子，长子丁洪春为邑庠生，次子丁洪夏功名较高，是天启元年（1621）副榜贡生，任官南直隶常州府通判。丁洪春唯一的儿子丁之照为邑庠生，曾任府推官。丁洪夏的儿子已入清朝科举，不列在内。

丁宾有三个儿子，分别名镛、镶、钫。三人都因父亲的恩荫，入南京国子监读书。其中，第二子丁镶，考中天启元年（1621）副榜贡生，不过并未选官，入清后绝意仕进，以遗民自居。[②] 丁镛共两子，长子丁淑巳由庠生恩荫得补官生，任江南应天府通判，次子丁浚巳为府庠生。丁镶成年的儿子共三人。长子丁颖诠是府庠生，次子丁嗣澂和三子丁裔沆都由庠生入太学。丁钫无后。[③]

继丁宾之后，有明一代，丁家没有人再高中进士，最高功名仅到副榜贡生，其他人大多是秀才或监生。虽然功名不高，但是遍及了儿孙两代所有的人。

而从丁氏的婚姻关系上看，在丁宾之前，家族中虽然只有丁长如做过官，但富裕的家境和世代书香的传统还是让丁氏很早即能够与嘉善以及周围地区的望族保持着通婚关系。随着丁宾的进士及第和后辈功名范围的扩大，这种通婚趋势逐渐向更高层的士绅家族集中（见表1）。

① 《家乘》卷四《光禄寺署丞谦所丁君墓志铭》（钱士升撰），第26页b。
② 《家乘》卷四《丁九贡先生墓志铭》（徐乾学撰），第34页b。
③ 《家乘》卷二《世系》，第9—15页。

表 1　明代丁氏家族婚配关系统计

世系	代表人物	婚娶	出嫁
四世	丁昱	"陆氏，系出吴郡望族"	
七世	丁乾	"谢氏，诞自名族"	不详
		继室"计氏，今铨部计元勋即为太夫人内侄孙"	
八世	丁衮	"吕氏，我邑著姓，外祖父鳌芝龙阳尉"	
九世	丁寅	"孺人浦姓，父学博缓斋翁"	
九世	丁宾	"吴氏，父为仪真广文儒"	诸生盛洪
十世	丁铉	"倪氏，父为全椒县令"	1. "广西参议凌嗣音子、庠生弘宪" 2. "刑科给事中郑明选子、庠生文晋"
	丁镛	"孙氏，福建参政孙光启女"	
	丁镔	"初聘中丞葆初陈公女，将归而忽殒"	
十世	丁镶	"钱氏，孺人王父讱亭公，赠宁化令……父开赤公，武冈刺史"	1. "广西参议凌嗣音子、庠生弘宪" 2. "刑科给事中郑明选子、庠生文晋"
		继室，钱氏，其曾祖父"沐宠殊执掌太医院，篆进通政使，赐一品服色"	
	丁钫	"陆氏，封肇庆知府陆在前女"	
十一世	丁洪春	"叶氏，行人叶绳毅公女"	1. "诸生沈元亮" 2. 孝廉陈龙正 3. "吏部文选司员外郎双丸聂公子瑗" 4. "孝廉闵自寅子宜孟" 5. "太学生黄承鼎子锡极" 6. "孝廉李松子煐"
	丁洪夏	"沈氏，光禄沈怡所公女"	
	丁颖洤	"顾氏，为乾学姑女、礼部左侍郎兼侍读学士瑞屏顾公子胃学諟明君女"	
	丁淑巳	"姚氏，孝廉姚世仪女"	
	丁浚巳	"叶氏，甲戌进士叶培恕女"	

续表1

世系	代表人物	婚娶	出嫁
十二世	丁之照	"蒋氏，福建副使蒋瞻屺公女"	1. "屠公迁之子诸生光业" 2. "兵部侍郎徐元仗子诸生世浚" 3. "文学沈公九贞子诸生世润" 4. "副榜贡生岳公浚伯子桢、右副都御史石钟公孙"
	丁旭	"金氏，工部郎中金浮弋公女"	
	丁之杰	"顾氏，孝廉顾仲执公女、太仆海阳公孙女"	

资料来源：《香湖丁氏家乘》卷二至卷六。

说明：表格人物截至明末丁宾去世时已经嫁娶的子孙。

再从地域分布上看，这部分的史料并不完全，但从有限的记载中，仍可以大致看出丁氏婚姻圈的空间范围（见表2）。

表2　明代丁氏家族配偶籍贯来源统计

世系	配偶姓氏	籍贯背景
四世	陆氏	苏州府
六世	方氏	松江府
七世	计氏	嘉兴府（嘉善）
八世	吕氏	嘉兴府（嘉善）
九世	浦姓	嘉兴府（嘉善）
	吴氏	嘉兴府（嘉善）
十世	倪氏	嘉兴府（嘉善）
	钱氏	苏州府（吴江）
十一世	顾氏	苏州府（昆山）

续表 2

世系	配偶姓氏	籍贯背景
十一世	沈氏	徽州府
十二世	金氏	苏州府（吴江）
	蒋氏	嘉兴府（嘉善）
	顾氏	嘉兴府（嘉善）

资料来源：《香湖丁氏家乘》卷二至卷六。

从上面两个表格中，我们可以很清楚地看到，在丁宾以及他的父亲、祖父这三代，与丁氏通婚的还只是县尉、学官等品级相对较低的仕宦家庭。如丁宾的妻子吴氏，是同邑中吴儒的女儿，吴儒以贡生的身份授官仪真县训导。[①] 不过吴儒的孙子志远，后来是万历年间的举人。丁宾年少读书时，曾拜吴儒为师。吴儒见少年丁宾博闻强识又"敦善行而不怠"，大加赏识，于是结下姻缘。[②]

到了丁宾的子侄辈，以至曾孙辈时，所娶的女子已主要来自品级较高的官宦家庭，有巡抚和中央官员等。这一现象很显然与丁宾本人较高的官僚身份以及家族中更多男子有了科名有着密切的关系。

丁氏女子的婚嫁情况也十分可观，从有记载的丁宾一辈的女子开始，其丈夫或者自身有生员及以上的功名，或者父辈有官职，没有一个是布衣家庭。这种联姻的等级，必然可以巩固和扩大丁氏在嘉善地区的地位和势力。

在地域上，与丁氏通婚的家庭，以嘉善本地为最多，其次为苏州地区，松江和徽州地区也有分布，大致不出长江三角洲这一经济富庶的区域。

在传统社会，通婚不仅仅是两家子女的结合那么简单，还包含有人脉、

---

① 光绪《重修嘉善县志》卷二十二《人物志四》，《中国地方志集成·浙江府县志辑》第 19 册，第 668 页。
② 《家乘》卷四《丁母吴夫人墓志铭》（李维桢撰），第 23 页 b。

势力等因素的结合，尤其是官宦家族，往往通过通婚来集聚社会资源，延续并扩大自身在地域社会中的声望和影响。对于嘉善地方社会来说，丁宾无疑是拥有全国性影响力的上层官僚，丁氏其他有功名的族人均算得上地方名流。这样的官宦家庭财力丰厚、人脉广泛，在嘉善以至更大的江南地域内都会有不小的声望和影响力。与江南一带地位相当或更高的家庭通婚，有利于集中人脉资源优势，维持并扩大丁氏一族在当地社会中的影响力和家族利益。

总而言之，继丁宾高中进士、入朝为官后，嘉善香湖丁氏随之迈入了鼎盛时期。

第三章 社会交往

  丁宾有一部文集传世,即《丁清惠公遗集》(以下简称《遗集》)。这部文集是丁宾去世五年后,由他的两个儿子、五个孙辈,以及若干门人共同编辑而成。《遗集》分为八卷,分别有奏疏四卷、杂著两卷和书牍两卷。(见图20)时任嘉善县知县的李陈玉[①]为《遗集》作序。

  两卷的书牍,保存了丁宾任职南京之后,直至致仕乡居时的通信情况,总计460余封,涉及约200个人物。这些书信的内容,大体可分为两类:一是丁宾与相关同僚的政务交流,诸如对南京各项制度、行政措施的观点看法或合作联络。二是丁宾针对家乡社会地方利益与浙江省、府、县各级官员的交流。在与这些官僚同事的通信中,有一些可以看出二人此前已有私交,或者至少有过一些交流或者曾见过面;同时也有不少通信,丁宾

丁清惠公遗集八卷

〔明〕丁宾撰
明崇祯镌刻本
上海图书馆藏

图20 丁宾文集封页

---

① 明崇祯七年至十三年（1634—1640）任嘉善知县。参见范金民《嘉善县志：明末知县李陈玉的县政实践》,《江海学刊》2016年第1期。

与他们之前从未有过交集，但这并不妨碍丁宾以相关的职务身份或者出身于嘉善的角色展开他所需要的社会交往。

丁宾青年读书科考时代、任句容知县时，以及万历初期丁忧在乡的十几年中的社会交往情况，并未能反映在《遗集》中，目前已很难复原再现。不过从官职位阶的高低和官宦生涯的重要性上来看，就职南京之后的社会交往，应当构成了丁宾官宦生涯中交往关系的核心部分，当然也更能反映一位高阶官员的社会关系状态。

将丁宾的社会交往关系简单做一类型划分，可以有以下几个层面。

南京官场

丁宾在南京任官二十多年，人际网络中很大一部分人是在南京开始建立关系的。同在一城共事，时常需要交流政务，互相支援协办，从而可能发展出更多的私人情谊。其中一些人离开南京、迁职到他地之后，丁宾与他们依然会保持联系，回忆曾经共事的时光、互相委托当下的事宜。这其中，便有多位此后身居中央高位以至入阁为相的人。例如：

叶向高，字进卿，号台山，福清人。万历十一年（1583）进士，万历二十七年至三十五年（1599—1607）在南京礼部和吏部为官。三十五年（1607）五月，入内阁。由于其他阁臣或病逝或养病不出，叶向高一度"独相"于内阁中，至四十二年（1614）升任首辅。天启元年（1621）时又再次出为首辅。叶向高忧国奉公，长年在位，是万历后期至天启初年明朝政坛上的重要人物。[1] 丁、叶二人应当是在南京供职期间相识并结交的。丁宾曾与叶向高论"博施济众"议，一时被称为"卓绝"。丁宾短暂离开南京时，叶向高为其送行，分别在自己的衙署、家中和郊外三次钱行，足见私谊一端。叶向高入内阁后，丁宾多次就南京火甲改革、钱法等事宜，以及自己的官职

---

① 《明史》卷二百四十《叶向高列传》，第6232页。

升转、致仕等事与叶向高联系,叶向高在政事上也给予了丁宾很多的支持（见后文）。①

李廷机,字尔张,晋江人,万历十一年（1583）进士,曾任南京吏部右侍郎,万历三十五年（1607）入内阁。②丁宾与李廷机在南京共事时,于政务上多有合作,曾共同推动了南京禁止役使铺户的改革,重新恢复济贫的"三饭堂"等。李廷机北上中枢后,丁宾仍常去信向他介绍南京行政的近况。③

周孔教,号怀鲁,字明行,临川人。万历八年（1580）进士,万历三十二年（1604）以都察院右佥都御史巡抚应天。④丁宾与周孔教关系密切,二人在长江江防、江南大水灾和南京钱法等事务中多有交流合作。⑤

杨时乔,字宜迁,上饶人。嘉靖四十四年（1565）进士,曾任南京尚宝丞、南京太仆丞等职,万历三十一年（1603）以吏部左侍郎署部事。⑥丁宾就南京城的治安和江防补官等事与署理吏部事宜的杨时乔有过联系。⑦

熊廷弼,字飞百,江夏人。万历二十六年（1598）进士,巡抚辽东,是晚明的著名将领。万历三十九年（1611）熊廷弼任南直隶提督学政,与

---

① （明）丁宾《丁清惠公遗集》（以下简称《遗集》）卷七《与叶台山少宰》,《复叶台山少宗伯》,《与叶台山阁下》、卷八《与叶台山阁下》,《复叶台山阁下》,《与叶台山阁下·又》,《与叶台山阁下》,第259、262、277、279页,明崇祯刻本,《四库禁毁书丛刊》集部第44册,北京出版社1997年版,第219、222、248页。

② 《明史》卷二百一十七《李廷机列传》,第5740页。

③ 《遗集》卷七《复李九我少宰》,《与李九我阁下》,《四库禁毁书丛刊》集部第44册,第222、251页。《遗集》卷八《与李九我阁下》,《李九我·又》,《四库禁毁书丛刊》集部第44册,第273、274页。

④ 《明神宗实录》卷四百零三,"万历三十二年十一月乙酉"条。

⑤ 《遗集》卷七《与周怀鲁应抚》,《四库禁毁书丛刊》集部第44册,第241页。《遗集》卷八《与周怀鲁抚台》,《与周怀鲁应抚》,《四库禁毁书丛刊》集部第44册,第274、283页。

⑥ 《明史》卷二百二十四《杨时乔列传》,第5907页。

⑦ 《遗集》卷七《与杨止庵少宰》,《四库禁毁书丛刊》集部第44册,第249页。《遗集》卷八《与杨止庵少宰》,《四库禁毁书丛刊》集部第44册,第272页。

丁宾有过交往。①

李化龙，字于田，长垣人。万历二年（1574）进士，曾任南京工部主事，万历三十五年（1607）起任兵部尚书。②南京兵部指挥使在浙江催征柴直银时蛮横肆意，给府县地方造成骚扰。三十九年，丁宾以代行南京兵部事宜的身份向李化龙提出了解决办法，要求指挥使只可在布政司催征等候，不可下到府、县。③

耿定力，字子建，一字淑台，麻城人。隆庆五年（1571）进士。万历中，历任南金御史、提督操江和南京兵部侍郎。④丁宾与耿定力是科举同年。耿定力也治良知之学，是泰州学派的代表人物。二人同在南京期间，曾有过一段"昕夕相依"的时光，过从甚密。丁宾称定力为"良友"。⑤

南京外大僚

除南京地区的官员之外，从地方到中央朝廷，还有一些官阶较高的臣僚是丁宾交往的对象，其中较多的交往内容是丁宾缘于政务上的汇报或策援的请求，也有少量政务之外的私人交际：

王锡爵，字元驭，太仓人。嘉靖四十一年（1562）榜眼，万历二十一年（1593）为内阁首辅。⑥

刘一燝，字季晦，南昌人，万历二十三年（1595）进士。明末重臣，官至太子太傅、吏部尚书、中极殿大学士。⑦

---

① 《遗集》卷七《复熊芝岗学院》，《四库禁毁书丛刊》集部第44册，第247页。《遗集》卷八《与熊芝岗学院》，《四库禁毁书丛刊》集部第44册，第281页。
② 《明史》卷二百二十八《李化龙列传》，第5983页。
③ 《遗集》卷八《与李霖寰大司马》，《四库禁毁书丛刊》集部第44册，第265页。
④ 嘉庆《湖北通志检存稿》卷二，民国十一年（1922）刻章氏遗书本，《续修四库全书》史部地理类第660册，上海古籍出版社2002年版，第668页。
⑤ 《遗集》卷六《祭少司马淑台耿年丈》，《四库禁毁书丛刊》集部第44册，第198页。
⑥ 《明史》卷二百一十八《王锡爵列传》，第5751页。
⑦ 《明史》卷二百四十《刘一燝列传》，第6238页。

方从哲，字中涵，祖籍德清，隶籍锦衣卫，家京师。万历十一年（1583）进士，官至东阁大学士、礼部尚书，万历末年内阁首辅。①

杨廷筠，字作坚，仁和人。万历二十三年（1595）进士，官至顺天府丞。②

许弘纲，字张之，东阳人，万历八年（1580）进士，官至太子太保、工部尚书。③

李三才，字道甫，临潼人。万历二年（1574）进士，官至户部尚书。④

孙丕扬，字考叔，号立山，富平人。嘉靖三十五年（1556）进士，官至吏部尚书。⑤

丁元荐，字长孺，长兴人。万历十四年（1586）进士，官至尚宝少卿。⑥

杨东明，字启修，虞城人。万历八年（1580）进士，官至刑部右侍郎。⑦

朱延禧，字允修，聊城人。万历二十三年（1595）进士，官至东阁大学士、礼部尚书。⑧

黄克缵，字绍夫，晋江人。万历八年（1580）进士，官至兵部尚书。⑨

朱国祯，字文宁，号平涵，南浔镇人。万历十七年（1589）进士，曾任国子监祭酒、礼部侍郎，天启三年（1623）入内阁，次年一度任内阁首辅。⑩

李维桢，字本宁，京山人。隆庆二年（1568）进士，曾任翰林院编修、

---

① 《明史》卷二百一十八《方从哲列传》，第5760页。

② 康熙《仁和县志》卷十六《人物·直节》，清康熙二十六年（1687）刻本，《中国地方志集成·浙江府县志辑》第5册，上海书店1993年版，第326页。

③ 民国《重修金坛县志》卷五《职官志》，民国十五年（1926）铅印本，《中国地方志集成·江苏府县志辑》第33册，江苏古籍出版社1991年版，第62页。

④ 《明史》卷二百三十二《李三才列传》，第6061页。

⑤ 《遗集》卷八《与孙立亭太宰》，《四库禁毁书丛刊》集部第44册，第278页。

⑥ 《明史》卷二百三十六《丁元荐列传》，第6156页。

⑦ 《明史》卷二百四十一《杨东明列传》，第6270页。

⑧ 嘉庆《东昌府志》卷二十八《列传三》，清嘉庆十三年（1808）刻本，《中国地方志集成·山东府县志辑》第87册，凤凰出版社2004年版，第465页。

⑨ 《明史》卷二百五十六《黄克缵列传》，第6607页。

⑩ 《明史》卷二百四十《朱国祯列传》，第6252页。

浙江按察使等职。①

在上述这些官僚中，比较值得注意的是朱国祯和李维桢二人。

丁宾与朱国祯的密集交往，发生在万历三十六年（1608）江南地区大水灾时。朱国祯一生博学多才，著述丰富，是江南地区的著名士绅。万历三十六年（1608），江南普遭水灾，朱国祯正值乡居，积极出谋划策组织赈灾，丁宾与其联系频繁（见后文）。二人同为浙西人，关系友善，朱国祯对丁宾"服膺其识诣"，②丁宾则认为朱国祯"居台鼎犹秀才气象"，赞其谦逊之态。③

李维桢在隆庆二年（1568）的殿试中，获得二甲第二名，随后的馆选中由庶吉士授编修一职。隆庆五年（1571）李维桢以翰林院编修的身份，被任命为这一年会试的同考官。④因此，李维桢可以说是丁宾的座师。李维桢仕途坎坷，曾有二十多年的时间外放于陕西、河南、江西、四川等地。万历二十八、二十九年（1600、1601），短暂地做过浙江按察使和右参政。⑤不过就目前所见资料，没有看到丁宾针对浙江政务与李维桢的交流。

李维桢以文学著称于世，博闻强识，"文章弘肆有才气"，尤精于诗学。在晚明的文坛上，李维桢见证了"后七子""公安派""竟陵派"的前后起伏，能够兼容各派，最终自成一家。王世贞极为推崇李维桢，将他推到了中晚明文坛的中心地位。王世贞、汪道昆等人去世后，李维桢成为文坛新一代的领袖。⑥

---

① 《明史》卷二百八十八《文苑列传四·李维桢列传》，第7386页。

② 《家乘》卷四《光禄大夫太子少保南京工部尚书赠太子太保谥清惠丁公神道碑》（刘若宰撰），第12页a。

③ （清）查慎行《人海记》卷下《朱相国气象》，清咸丰元年（1851）小琅嬛山馆刻本，《续修四库全书》第1177册，上海古籍出版社2002年版，第222页。

④ （日）大野晃嗣《明代会试考官初探——以会试录为中心》附表13，《科举文献整理与研究：第八届科举制与科举学国际学术研讨会论文集》，2011年。

⑤ 《明史》卷二百八十八《文苑列传四·李维桢列传》，第7386页。徐利英《李维桢诗学研究》附录一《李维桢年谱》，江西师范大学硕士学位论文，2005年。

⑥ 金霞《李维桢与王世贞交游考述》，《社会科学论坛》2018年第2期。

　　丁宾应当是在隆庆五年（1571）的会试之后便结识了李维桢。万历三十八年到四十二年（1610—1614）之间，李维桢客居南京，与丁宾有了更多的交往。丁宾七十岁大寿时，李维桢为其赋诗作序以庆贺，颂扬他"今之世，未有德厚如公者也。……持论从容，不标声迹，不欺幽独，不侮矜寡，不摇非誉，不易终始，如松柏之有心，如竹箭之有筠，深根宁极可支长久"。[①]丁宾极为感谢，回信称"犬马之齿，辱名公麟凤之章，不一而足，直是凤世因缘，什袭藏之，钦为家宝矣"，并期待几日后与李维桢再相聚。[②]

　　后来丁宾因事北上入朝时，李维桢还撰七律三首为丁宾送行：

> 朱芾葱珩位六卿，尔书新拜谒承明。
> 行人尚识花骢色，童子相将竹马声。
> 清似玉壶冰一片，望高金掌露双茎。
> 司空贯见东南事，斧藻官家立太平。
>
> 太师灵爽冠三台，桃李春先万树开。
> 谁不扫门希盼睐，公惟解组赋归来。
> 赤符文自天苞出，玄武班聊斗柄回。
> 百练钢无为绕指，风秾岳岳旧西台。
>
> 秣陵开府九星霜，是处瞻依荫芾棠。
> 家廪万金平市籴，简书三尺肃台纲。
> 军容盛偃风波色，王气高扶日月光。
> 官晋鸠鸠心自一，旧游踪迹肯相忘。[③]

---

① （明）李维桢《大泌山房集》卷二十九《中丞丁公寿序》，明万历三十九年（1611）刻本，第 24 页 a—b。
② 《遗集》卷八《与李翼轩太史》，《四库禁毁书丛刊》集部第 44 册，第 300 页。
③ （明）李维桢《大泌山房集》卷四《送少司空丁公入朝》，第 23 页 b—24 页 a。

这几年中，丁宾的两个儿子丁镛和丁鑛，跟随父亲在南京国子监读书。于是丁宾便安排两子拜李维桢为师。除了科举制业上的考虑，丁宾更看重的应当是李维桢在文学上的成就和地位。

已经有研究指出，在进入仕途越来越困难的情况下，晚明的文人寻找到另一种扩大交际、增强影响力的方式。他们"发展一种'闲'而'雅'的生活模式"，"且以此自我标榜，以此对抗世'俗'的世界，进而试图以此新的生活美学来参与社会文化的竞争，借此以确认其社会地位"，这是"一种有别于仕进之途的人生价值，可说已成为一种具有普遍意义的社会性需求"。①

丁宾为儿子安排这样一个走文人闲雅之路来安顿自身的机会，在科举竞争格外激烈的情势下，对个人和家族，都不失为另一种较好的选择。

长子丁镛也确实热衷于诗文写作，在跟随李维桢学诗之后，李对其评价道："姿品明秀，真能道其性情之和，而罄其肺腑之所欲吐。"②不过最终，丁镛和弟弟丁鑛并没有在文艺之路上取得能为人称道的成就。

理学同好

嘉靖末年，在等待会试的过程中，丁宾接触到了心学。明代中叶之后，阳明心学盛行。以各理学家为领袖、以诸生为主体，以培植学问和道德修养为目的、以四书五经为内容的定期或不定期各种学术集会，吸引了上至缙绅士大夫，下至田野村夫的广大人群。③嘉靖末年，丁宾考中举人之后不久，即与同邑好友袁黄一起问道于阳明学说的传人王畿。

王畿（1498—1583），字汝中，别号龙溪，浙江绍兴府山阴县（今浙江绍兴）人，嘉靖十三年（1534）进士。他是王守仁的得意弟子，也是王守

---

① 王鸿泰《闲情雅致——明清间文人的生活经营与品赏文化》，收入胡晓真、王鸿泰主编《日常生活的论述与实践》，台北允晨文化实业股份有限公司 2011 年版，第 588 页。
② 《家乘》卷四《伯父九章公传》（丁裔沆撰），第 32 页 a。
③ 参见陈时龙《明代中晚期讲学运动（1522—1626）》，复旦大学出版社 2005 年版。

仁去世后王学的重要传人之一。王畿在王学中声望很高,他本人热衷于讲学,交游广泛,学旨简便易学,因此王畿之学在朝野得到迅速、广泛的普及,晚明心学在理论上基本沿着王畿以无为本、良知现成的路子走下去。①

丁宾拜师王畿时,王畿已经悠游林下在南方讲学近二十年。嘉靖四十五年(1566),王畿的弟子陆光宅在平湖县天心精舍主持讲会,王畿从杭州到平湖,在讲会上作《天心题壁》的演讲,论德业与举业。陆光宅认为王畿得王守仁晚年精义,于是在参加讲会的人中,选择了包括丁宾在内的"质粹志真"、终身可托者八人,定下天心盟约,推王畿为盟主,企图继王畿之志,以传其所得阳明晚年宗说。这可以看作是王畿组建自己学派以延续"四无说"的尝试。

盟约之后,王畿对八人各付册相勉,丁宾收到的即《册付丁宾收受后语》,其中写道:

> 礼原资性敦茂,少年发科,即有志于古道,不肯以俗套自埋没。及闻良知之说,志益自励,求所以为学之方。予曰:致知之外,无学矣。良知者,是非之心,其机存乎一念。发一念而安,即是是;发一念而不安,即是非。安则比为之,举事非之有所不顾;不安则必去之,得尽便宜有所不为。方为实致其良知,方为自慊,方能出得俗套。礼原信之不疑,时时请事,以求日新之益,可谓勇矣!唯久处天心,共证远业,方不负初志耳。②

在册中,王畿评价丁宾"资性敦茂",称他对"致良知"之学"信之不疑,时时请事,以求日新之益,可谓勇矣",并勉力丁宾要"共证远业,方不负初志耳"。

---

① 丁功谊《万历年间社会思潮的转向》,《江西社会科学》2009 年第 4 期。
② (明)王畿《王畿集》卷十五《册付丁宾收受后语》,吴震编校整理,凤凰出版社 2007 年版,第 438 页。

后来，万历三年（1575）时，丁宾已经在南直隶应天府句容县做知县。当年秋天，他请应天巡抚聂豹的弟子宋仪望迎王畿到县中句曲山下的华阳，集诸生百数十人召开讲会。在与诸生的问答中，王畿阐发了"知行合一""朝闻夕死""知生知死"和人心的"活泼性"等问题。

在传播心学方面，王畿非常活跃，黄宗羲称他"林下四十余年，无日不讲学，自两都及吴、楚、闽、越、江、浙，皆有讲舍，莫不以先生为宗盟"。[1]因此王畿门下弟子众多，而对于学问的传承，王畿器重和有所期许的主要是"天心盟约"中的数人，除了丁宾，还有诸如嵊县的周梦周、平湖县的陆光宅。万历四十三年（1615），丁宾主持刊刻了《王龙溪先生全集》二十二卷，成为王畿文集中比较完整的本子。但是在真正的心学学术方面，丁宾一生并无建树。[2]不过，从学于王畿的经历和身份，令丁宾的交际网络扩展到当时的理学圈子，平日不免与当时的理学家互相交流，分析学术现状，探讨学问增进，见诸书信中的人有如：

许孚远，字孟仲，号敬庵，德清人。嘉靖四十一年（1562）进士，在南京历官南工部主事、南太仆寺丞、应天府尹、南兵部侍郎等职。[3]许孚远早年受学于唐枢，学问以良知为宗，为学以克己为要，以反身寻究为攻。丁宾在给许的信中表达了对时人好谈"空寂玄虚之旨"的忧虑。[4]

周汝登，嵊县人。万历五年（1577）进士，初为南京工部主事，累官至南京尚宝司少卿。周汝登是明代著名理学家，思想"欲合儒释而会通之"。[5]丁宾重编先师王畿的文集时，邀请周汝登撰序。[6]

管志道，字登之，人称东溟先生，太仓人。隆庆五年（1571）进士，

---

① （明）黄宗羲《明儒学案》卷十二《郎中王龙溪先生畿》，《景印文渊阁四库全书》史部传记类第457册，台湾商务印书馆1986年版，第172页。

② （明）王畿《王畿集》"编校说明"，吴震编校整理，凤凰出版社2007年版，第2页。方祖猷《王畿评传》，南京大学出版社2001年版，第60—61页、第72—73页、第421页。

③ 《明史》卷二百八十三《许孚远列传》，第7286页。

④ 《遗集》卷七《复许敬庵京兆》，《四库禁毁书丛刊》集部第44册，第214页。

⑤ 《明史》卷二百八十三《儒林列传二·杨起元、周汝登列传》，第7276页。

⑥ 《遗集》卷八《与周海门太仆》，《四库禁毁书丛刊》集部第44册，第296页。

官南京兵部主事，后改刑部，因上疏得罪张居正而改按察佥事，分巡岭东诸郡。[①] 管志道主张"三教并行"，儒道互助，丁宾常常与他交流探讨对理学思想的理解和实践。[②]

唐鹤徵，字元卿，号凝庵，武进人。唐顺之之子。隆庆五年（1571）进士，官至南京太常寺。[③] 丁宾与他既是科举同年，又共事南京。

冯从吾，字仲好，号少墟，西安人，万历十七年（1589）进士。"关学"的代表人物，讲究身体力行，学以致用。[④]

以上几位均是晚明理学界比较有代表性的人物，丁宾与他们既有思想上的交流，也兼有工作事务上的合作。

嘉兴府同乡

晚明嘉兴府人才辈出，万历十一年（1583）和四十四年（1616）分别有朱国祚和钱士升高中状元。众多进士及第者这一天然的同乡关系，构成彼此的人际网络。在丁宾文集中有迹可循的嘉兴府同乡主要有以下人物：

支大纶，字心易，号华苹，嘉善人。万历二年（1574）进士，仕途不利，官终奉新县令。[⑤]

钱天胤，字延之，号定斋，嘉善人。万历二十九（1601）年进士，官

---

① 嘉庆《直隶太仓州志》卷二十七《人物·列传二》，清嘉庆七年（1802）刻本，《续修四库全书》史部地理类第697册，第446页。
② 《遗集》卷七《复管东溟臬宪》，《复管东溟臬宪》，《与管东溟臬宪》，《复管东溟臬宪》，《四库禁毁书丛刊》集部第44册，第217、222、225、228页。
③ （明）黄宗羲《明儒学案》卷二十六《太常唐凝庵先生鹤徵》，《景印文渊阁四库全书》史部传记类第457册，第429页。
④ 雍正《陕西通志》卷六十三《人物九·儒林》，清雍正十三年（1735）刻本，《中国地方志集成·省志辑》，凤凰出版社2011年版，第328页。
⑤ 光绪《重修嘉善县志》卷十九《人物志一·宦业》，《中国地方志集成·浙江府县志辑》第19册，第604页。

至兵部郎中。①

钱梦得，字国贤，号承江，桐乡人。万历十一年（1583）进士，官至都察院右副都御史、巡抚河南。②

钱吾德，字湛如，号明吾，嘉善人。隆庆四年（1570）举人，与丁宾、袁黄同科，任迁安县令。③

李奇珍，字四可，嘉善人。万历二十九（1601）年进士，官至太常寺少卿。④

魏大中，字孔时，嘉善人。万历四十四年（1616）进士，官至吏科都给事中。⑤

徐必达，字德夫，号玄丈，秀水人。万历二十年（1592）进士，曾任光禄寺少卿，官至南京兵部左侍郎。⑥

朱国祚，字兆隆，号养淳，秀水人。万历十一年（1583）状元。光宗时入内阁，官至户部尚书，加太子太保。⑦但万历年间，嘉兴、秀水和嘉善三县出现争田纠纷，朱国祚作为秀水县争田的代表士绅，与嘉善县籍丁宾站在了对立面（见下文）。

黄承玄，字履常，秀水人，世居嘉兴。万历十四年（1586）进士，官

---

① 光绪《重修嘉善县志》卷十九《人物志一·宦业》，《中国地方志集成·浙江府县志辑》第 19 册，第 606 页。

② 光绪《桐乡县志》卷十五《人物志下·宦绩》，光绪十三年（1887）刻本，《中国地方志集成·浙江府县志辑》第 23 册，上海书店 1993 年版，第 519 页。

③ 光绪《重修嘉善县志》卷十九《人物志一·宦业》，《中国地方志集成·浙江府县志辑》第 19 册，第 603 页。

④ 光绪《重修嘉善县志》卷十九《人物志一·宦业》，《中国地方志集成·浙江府县志辑》第 19 册，第 606 页。

⑤ 《明史》卷二百四十四《魏大中列传》，第 6334 页。

⑥ 崇祯《嘉兴县志》卷十三《人物志》，明崇祯十年（1637）刻本，《日本藏中国罕见地方志丛刊》，书目文献出版社 1991 年版，第 536 页。

⑦ 《明史》卷二百四十《朱国祚列传》，第 6250 页。丁宾与朱国祚曾有着正常友善的关系，见《遗集》卷八《候朱养淳大宗伯》，《四库禁毁书丛刊》集部第 44 册，第 300 页。

工部侍郎治黄河。①

钱士升，字抑之，嘉善人。万历四十四年（1616）状元，官至崇祯朝礼部尚书兼东阁大学士，参预机务。②

钱士晋，字昭自，号康侯，嘉善人，钱士升弟。万历四十一年（1613）进士，官至云南巡抚。③

陈所学，字行父，海盐人。生而神颖，十五岁补诸生，万历三十五年（1607）中进士，历任工科、吏科、户科给事中，后为权贵所忌，出官至河间知府，又受诬陷而致仕。④

姚思仁，字善长，秀水人。万历十一年（1583）进士，曾任御史，敢于直言，官至工部尚书加太子太保，朝野多有推重者。⑤

黄承昊，字履素，秀水人。万历四十四年（1616）进士，官至广东按察使。⑥

贺灿然，字伯闇，平湖人。万历二十三年（1595）进士，官至吏部员外郎。⑦

包世杰，字羽明，秀水人，世居嘉兴。万历十年（1582）举人，官至永康教谕。⑧

---

① 崇祯《嘉兴县志》卷十三《人物志》，《日本藏中国罕见地方志丛刊》，第534页。

② 《明史》卷二百五十一《钱士升列传》，第6487页。

③ 光绪《重修嘉善县志》卷十九《人物志一·宦业》，《中国地方志集成·浙江府县志辑》第19册，第607页。

④ （明）徐象梅《两浙名贤录》卷二《硕儒》之"孝廉陈献可言"，明天启刻本，《北京图书馆古籍珍本丛刊》第17册，书目文献出版社1987年版，第84页。

⑤ 光绪《嘉兴府志》卷五十二《列传》，清光绪四年（1878）刻本，《中国地方志集成·浙江府县志辑》第13册，上海书店1993年版，第477页。（明）徐象梅《两浙名贤录》卷二《硕儒》之"姚坦之履道"，《北京图书馆古籍珍本丛刊》第17册，第89页。

⑥ 光绪《嘉兴府志》卷五十二《列传》，《中国地方志集成·浙江府县志辑》第13册，第481页。

⑦ 崇祯《嘉兴县志》卷十三《人物志》，《日本藏中国罕见地方志丛刊》，第479页。

⑧ 光绪《嘉兴县志》卷二十一《列传一》，清光绪三十四年（1908）刻本，《中国地方志集成·浙江府县志辑》第15册，上海书店1993年版，第475页。

包鸿逵，字振端，秀水人，世居嘉兴，包世杰子。万历三十八年（1610）进士，任湘潭知县。①

葛征奇，字无奇，海宁人。崇祯元年（1628）进士，官至光禄卿。②

陈于王，字用宾，号颖亭，嘉善人。万历十四年（1586）进士，与丁宾一样做过句容知县，后历官南京兵部、湖广参政、四川按察使等职。③

同乡之中，与丁宾相识最久的可能要数袁黄了。袁黄，初名表，字坤仪，号了凡，万历十四年（1586）进士。曾任宝坻知县、兵部职方主事等。④袁黄在当时和后世，主要因以"功过格"为核心的劝善思想，和时艺选文而闻名。⑤无论是袁家世居的陶庄镇，还是曾避难而居的芦墟镇，都离沉香荡丁家栅不远。丁宾与袁黄，是少年时代的同学，又一同拜师王畿习良知之学。隆庆五年（1571），两人还一同赴京赶考科举。袁黄对于低调谦逊的丁宾一直非常推崇。丁宾在南京时，有一次袁黄路过，丁宾欣然招待。袁黄离开后，寄信一封给丁宾表达感谢，其中言道：

> 足下真实之心，恺悌之行事，不敢为天下先而举世让步，言若讷讷，而能使听者醉心，以至柔而胜天下之至刚，以无为而胜天下之

① 光绪《嘉兴县志》卷二十一《列传一》，《中国地方志集成·浙江府县志辑》第15册，第479页。

② 民国《海宁州志稿》卷二十五《选举表上》，民国十一年（1922）续修铅印本，《中国地方志集成·浙江府县志辑》第22册，上海书店1993年版，第723页。

③ 光绪《重修嘉善县志》卷十九《人物志一·宦业》，《中国地方志集成·浙江府县志辑》第19册，第604页。

④ 光绪《重修嘉善县志》卷十九《人物志一·名臣》，《中国地方志集成·浙江府县志辑》第19册，第595页。有关袁黄的考证和研究可参考（日）酒井忠夫《中国善书研究》，刘岳兵、何英莺译，江苏人民出版社2010年版；（日）奥崎裕司《中国乡绅地主的研究》，汲古书院1978年版；冯贤亮《袁黄与地方社会：晚明江南士人的生活史》，《学术月刊》2017年第1期。

⑤ 相关研究可参考：（美）包筠雅《功过格：明清社会的道德秩序》，浙江人民出版社1999年版；张献忠《袁黄与科举考试用书的编纂——兼谈明代科举考试的两个问题》，《西南大学学报》2010年第3期。

有为，实当世之伟人而理学之巨擘也。适过留都，重蒙虚怀相待，骨肉之爱隆且笃矣。坊刻一部，呈奉时艺，乃小儿所选，不足供大观。篇首学约，则鄙人生平造诣略具其中矣。此固老丈与某束发下帷时所同心而共事者也。世衰道微，以接引人材为急，沈助教有志圣贤之学，立身制行，无愧古人。初入留都，久慕道望，实欲以足下为依归。愿虚怀接纳收之。药笼中而徐试其奇，当必有益而不能尽。①

袁黄依旧欣赏丁宾"至柔""无为"的性格和作风，将南京的这次重聚看作自年少时二人培养出的"骨肉之爱"的延续。相聚中，袁黄送给丁宾一本儿子袁俨②辑选的科举时文，并且拜托丁宾在南京多加照顾一位称为沈助教的友人。另外，丁宾常年患有"痰火""肠红"等病症，精通医道的袁黄也留下了一些药品。

丁宾接信后，回复一封：

> 翁丈真实之心，卓落之行，任天下所不敢任之事而举世让步，开天下所不敢开之口而议事莫之与京，实当世之伟人而理学中之巨擘者也。适过留都，幸亲道范，微言奥义，滚滚不穷，愧弟日坐尘冗中，未能洗心领略万一耳。辱惠学约一书，仰觇翁丈生平造诣具其中，是弟幼学时所同心而共事者也，得之如获故物。贤郎所选时艺，不媿乃翁谨，并付塾中以为指南。沈助教有志圣贤之学，立身制行，真无忝古人，弟庆得一益友矣。③

袁黄与丁宾是完全不同的个性。丁宾乃"不敢为天下先而举世让步，言若讷讷"，袁黄则是"任天下所不敢任之事而举世让步，开天下所不敢开

---

① （明）袁黄《两行斋集》卷九《退丁敬宇书》，清初刻本，第29页a—b。
② 袁俨是袁黄的独子，天启五年（1625）进士。
③ 《遗集》卷七《与袁了凡兵部》，《四库禁毁书丛刊》集部第44册，第218—219页。

之口",但这并没有影响二人的友谊。丁宾在信中自称为"弟",对于袁黄前信中所言诸事,均表示了认可。

面对同乡中的后学在为政为官上的疑惑,丁宾也很愿意倾心相授,分享自己的经验和认知。钱天胤于万历二十九年(1601)中进士后,被授官攸县知县。丁宾此时已居官南京,钱天胤致信请教。丁宾回复了一封长信,详细讲授了知县工作的要点和具体操作。他说:

> 凡作县令,除库藏、狱囚、衙舍、城池,加意看守外,晨夕念
> 虑所当操持者,惟"清慎勤"三字。其见行事体,大概头脑,惟词讼、
> 钱粮两端。古人云:刑罚中教化,催科中抚字。可谓得其概矣。

虽然知县的工作只需把握好词讼和钱粮征收即可,但其中殊为琐碎烦难。首先是词讼:"民间词讼,不为准理,恐多宽抑滥受犹,非所宜。此中须得调停制御之法可也。万一本县自理词讼成招,则罚穀上仓,更为明白。"其次钱粮事宜更加繁复:

> 其钱粮要以本年为重,本年春夏秋不完,延至冬间,即为旧欠矣。
> 催征固当责比,犹不可专于责比,务在清查己、未完数。每比一次,
> 便须清查一次,尚且吏书瞒官卖比。大抵县官果欲加意钱粮,须于
> 每岁编派时,即为料理。将本县民粮丁口核实,又将本县应派本折色、
> 条编项款,细数核实,不得纵容书算加派分毫。要见每田每地一亩,
> 应派本折色若干,每一丁应派若干。设立清由票子,开写每亩每丁
> 派粮数目明白,每户给发一张。盖由票者,细民之耳目也。每岁本
> 县公堂无碍银两,陆续自备由票,当其冬初托令见役粮长领发各图
> 人户,严禁粮里需索人户由票纸钱,而通乡因得备知一岁钱粮定数,
> 然后随意缓急,分图分甲征比本折色。然后严禁临比卖放之弊。庶
> 本岁钱粮可以尽数追完,不至将来更有拖延之患。

每一年的钱粮征解有期限，必须按时完成。丁宾认为为了及时完成征解任务，"催征""责比"是必需的，但不能完全假手于书算等小吏。知县本人要亲自监督核算清楚。既防备胥吏隐瞒侵渔，又需严禁粮长、里长需索百姓。除了征缴每年的钱粮外，前任知县的遗留旧欠也是一个常见的难题，丁宾又详细介绍了应对旧欠的方法，其中既有对制度的遵循，又有实践中的权宜机变：

> 若前官旧欠，倘上司不行催者，不必言矣。如或行催，未可轻易出票，先将上司来文留入卷箱，到衙细看，某年某款，隔别细访应缓应急端的。如其可缓，即与停止，如不可缓，到该房吊取原派钱粮文卷，并承行吏□算手，各正身查考，本县本年原派总数内已完批□，领状寄库，实数有据，然后将未完数内，分出各图各甲花名收入衙内，可于无意中密抽一图，拘唤到县。每名每名查点正身，问其未完的否。如或已完，收票可证，而犹开在未完之内，即系吏书侵匿，即当追究，责令重复开写欠户花名毕竟。咨访无弊，方好开比。未可草草行事也。新旧钱粮，并系民间，自是不便，万不得已，亦宜仔细行之耳。

衙门中的一应胥吏，协助知县共同管理一县事务，但如何与他们相处也是一门学问，丁宾在信的最后也简要做了提示：

> 至于一切吏书门皂等役，应发工食，自当及时给发。服役有不到处，或可稍为体谅。若衙门关防，难以假借。每日言语举动之间，少有透露，被其窥窃，不无乘机驱取，从此污玷官府名节，良可畏哉。[1]

---

[1]《遗集》卷七《复钱定斋明府》，《四库禁毁书丛刊》集部第44册，第216—217页。

这封回信，在目前所保留的两卷书信中，是难得的长度。信笺的首尾只有很少的客套虚辞，内容极尽务实。丁宾将自己多年为官所了解到的基层社会治理中的弊病，详细地向后辈做了分析，尽职尽责地传授了应对之策。可以想见，丁宾是真心期待钱天胤在复杂的地方行政环境下，既能顺利完成政务，又可以顾全百姓的生活。钱天胤此后确实没有辜负丁宾的教导，在攸县"革除火耗、赎锾，焚淫祠、崇学校、谢苞苴、均赋役，尤详慎刑，狱民无冤滥"，赢得"循卓"的赞誉，位列攸县名宦。[①] 丁宾眼见钱天胤"老成大受"，也是"百倍愉快"。[②]

浙江地方官员

与前述几类人群相比，浙江地方官员在丁宾的社会交往中是相对特殊的类型。像在南京官场中的交际，一般是丁宾基于行政管理等政务的联络，所尽的是为政一方的职责，而与浙江，尤其嘉兴府和嘉善县地方官员的交流，则基本上出于维护家乡社会利益，甚至个人利益的考虑。但浙江的地方官，丁宾与他们此前可能并没有交往，甚至互相并不认识。只因为他们来到自己的家乡做官，丁宾才与他们发生交往。

从地方官的角度来说，有一句执政的箴言是"宁得罪于小民，无得罪于巨室"。[③] 对出身于本地的官员及他们的家庭，地方官在与之交往的时候需要特别注意分寸，礼遇有加。如果他们"有切己事，或兄弟子侄，横罹意外"，地方官"亦必周全体面"。这是治理一地"重名教"的需求。[④] 更为重要的是，这一被广泛称为"乡绅"的群体，既身处国家的官僚体制中，又与家乡社会紧密相连，因此他们一方面被国家利用控制基层社会，另一方面又作为乡族

---

① 光绪《重修嘉善县志》卷十九《宦业》，《中国地方志集成·浙江府县志辑》第19册，第606页。

② 《遗集》卷七《复钱定斋明府》，《四库禁毁书丛刊》集部第44册，第23页。

③ （明）谢肇淛《五杂俎》卷十三《事部一》，中华书局1959年版，第394页。

④ （清）黄六鸿《福惠全书》卷四《待绅士》，康熙三十八年（1699）刻本。

利益的代表或代言人与政府抗衡，并协调、组织乡族的各项活动。^① 诸如安靖地方、赈济救灾、教化风俗等事务，乡绅承担了很多的责任，上下调处，弥补政府统治的不足。^② 因此，某种程度上，乡绅是官僚和民众的中介，与地方政府共同管理当地事务。^③ 初来乍到的地方官，在一个完全陌生的县域，必须借助以当地乡绅为核心的人群，才能劝诫百姓，推行王道教化，完成对一个地区的治理。

从乡绅的角度来说，"一登科甲，便列缙绅，令人有不敢犯之意"。^④ 乡绅向当地官员献策、提议、表达意见，甚至利用权力关系将自己的意志强加于地方官吏，左右地方决策，^⑤ 既是作为地方领袖为民众代言、维护地方利益的责任，也为牟取私利创造了机会。

地方官员的态度和乡绅的角色，在明清时代的地方社会中，是非常自然和普遍存在的现实。地方官员面对治下的大乡绅，一般多有敬重。丁宾与他们的交流多以地方管理和利益为中心，如：

甘士价，字维蕃，号紫亭，信丰人。万历五年（1577）进士，三十三年（1605）以右佥都御史巡抚浙江。^⑥ 万历三十六年（1608）江南大水时，在区域救灾，以及浙江的"南粮改折"以备荒等事中有广泛的联系与合作。^⑦

方大镇，字君静，号鲁岳，桐城人。万历十七年（1589）进士，三十五

① 傅衣凌《中国传统社会：多元的结构》，《中国社会经济史研究》1988 年第 3 期。

② （日）根岸佶《中國社會に於ける指導層：中國耆老紳士の研究》，平和书房 1947 年版。

③ 瞿同祖《清代地方政府》，范忠信、何鹏、晏锋译，法律出版社 2003 年版。

④ （清）叶梦珠《阅世编》，上海古籍出版社 1981 年版，第 83 页。

⑤ 张仲礼《中国绅士——关于其在 19 世纪中国社会中作用的研究》，李荣昌译，上海社会科学院出版社 1991 年版。

⑥ 乾隆《信丰县志》卷九《人物志上·行业》，清同治六年（1867）补刻本，《中国地方志集成·江西府县志辑》第 77 册，江苏古籍出版社 1996 年版，第 150 页。

⑦ 《遗集》卷七《复甘紫亭抚院》，《复甘紫亭抚院》，《复甘紫亭抚院·又》，《四库禁毁书丛刊》集部第 44 册，第 230、234、236 页。

年（1607）巡盐浙江。① 万历三十六年大水时，丁宾与方大镇联系密切，为浙江争得了不少利益。②

吴国仕，字秀升，号长谷，歙县人。万历三十二年（1604）进士。万历末年任嘉兴知府。丁宾就家乡府县的白粮水脚银的征收和三县"争田"事宜与吴国仕多有联络。③

张延登，字济美，号华东，邹平人。万历二十九年（1601）进士，天启末年曾任浙江督抚大臣。"④ 天启末，丁宾已致仕在家多年，听闻朝中有人提议漕规之外多征加耗，特意致信张延登，力陈利害，表示反对。⑤

徐大绅，字簏光，号翰明，建宁人。万历二十年（1592）进士，二十一年（1593）授嘉兴府司理，因忤乡绅而迁宁波同知。⑥ 徐大绅早年考秀才时，由督学耿定力拔为头名，转任宁波同知之后，丁宾与他仍然有书信往来，如讨论"修身知本"的学问。⑦

詹应鹏，字翀南，宣城人。万历四十四年（1616）进士，崇祯初年任两浙右参政，总督粮储。⑧ 致仕在家的丁宾致信詹应鹏，建议詹答应嘉善县令提出的辽饷与漕粮一并总派兑运的请求。⑨

---

① 康熙《桐城县志》卷四《人物上》，清康熙二十二年（1683）增刻本之抄本，《中国地方志集成·安徽府县志辑》第12册，江苏古籍出版社1998年版，第115页。

② 《遗集》卷七《与方鲁岳盐院》，《四库禁毁书丛刊》集部第44册，第230页；《遗集》卷八《复方鲁岳盐院》，《四库禁毁书丛刊》集部第44册，第270页。

③ 《遗集》卷八《与吴长谷公祖》，《与吴长谷公祖》，《四库禁毁书丛刊》集部第44册，第261、284页。

④ 民国《邹平县志》卷十五《人物考上》，民国二十年（1931）重印本，《中国地方志集成·山东府县志辑》第26册，凤凰出版社2004年版，第335页。

⑤ 《遗集》卷八《与张华东抚院》，《四库禁毁书丛刊》集部第44册，第304页。

⑥ 雍正《宁波府志》卷十六《秩官上》，清道光二十六年（1846）刻本，《中国地方志集成·浙江府县志辑》第30册，上海书店1993年版，第609页。

⑦ 《遗集》卷七《复宁波徐二府》，《四库禁毁书丛刊》集部第44册，第224页。

⑧ 光绪《宣城县志》卷十五《人物·宦业》，清光绪十四年（1888）活字本，《中国地方志集成·安徽府县志辑》第45册，江苏古籍出版社1998年版，第232页。

⑨ 《遗集》卷八《与詹翀南粮道》，《四库禁毁书丛刊》集部第44册，第308页。

王畿，晋江人。万历二十六年（1598）进士，历任浙江督学和布政使。[1] 丁宾曾就嘉兴和湖州二府的漕粮民运免兑一事拜托王畿实行。[2]

官职和年龄均小于丁宾的地方官，为获得支持，会积极向丁宾这样的高阶乡绅示好，主动请益。万历朝后期，江西人李邦华以御史身份巡按浙江，刚上任便去信丁宾，咨询地方利害和为官之道。丁宾回信直陈地方行政的复杂性："大抵天下事，岂皆有利而无害，要在权其重轻，而郡邑有司因循坐视，莫肯担荷者亦有。其故夫人情口舌自昔难调。如一事也，方议行于此，辄阻挠于彼；往往巧陈其所害，而阴坏其所利。即上有善政，下有苦情，率皆中格所由来矣。"因此，丁宾告诫李邦华，如果真心实意为地方利益考虑，那么地方官"首须有定见，次须有定力，必无为奸顽之徒雌黄之口所摇夺，而后能造福小民，而后能仰承上官德意"。丁宾也知道，这种要求说起来容易，实践起来却很难，最后遂感叹"正不易也"。[3]

至于嘉善县的数任知县，丁宾居官和致仕之后都与他们有频繁的联系，借以对嘉善的经济、文化、治安等各类事务发表意见和建议。包括：谢应祥[4]，万历二十九至三十五年（1601—1607）在任；詹尔达[5]，万历三十六年至三十七年（1608—1609）在任；徐仪世[6]，万历三十八年至四十四年（1610—1616）在任；林先春[7]，天启五年至崇祯元年（1625—1628）在任；蔡鹏霄[8]，崇祯二年至五年（1629—1632）在任；马成

---

[1] 道光《晋江县志》卷三十八《人物志·名臣二》，抄本，《中国地方志集成·福建府县志辑》第25册，上海书店2000年版，第664页。

[2] 《遗集》卷八《复王养初方伯》，《四库禁毁书丛刊》集部第44册，第267页。

[3] 《遗集》卷八《复李懋明按院》，《四库禁毁书丛刊》集部第44册，第301页。

[4] 《遗集》卷七《与谢凤皋父母》，《四库禁毁书丛刊》集部第44册，第250页。

[5] 《遗集》卷七《与詹起鹏父母》，《四库禁毁书丛刊》集部第44册，第238页。

[6] 《遗集》卷八《复徐韶阶父母》、《与徐韶阶父母》，《四库禁毁书丛刊》集部第44册，第278、284页。

[7] 《遗集》卷八《与林狷庵父母》、《与林狷庵父母·又》、《与林狷庵父母》，《四库禁毁书丛刊》集部第44册，第303、308页。

[8] 《遗集》卷八《复蔡培自父母》，《四库禁毁书丛刊》集部第44册，第309页。

名①，崇祯六年（1633）在任。② 各知县对丁宾也尊重有加，如詹尔达到任嘉善县后，提出想为这一时期县内最重要的大乡绅丁宾建牌坊，被丁宾婉言谢绝了。③

除了对嘉善县的政事有"发言权"，丁宾的影响力还可以延伸到邻近地区。如郑振先，字太初，武进人，万历二十三年（1595）进士，二十五年（1597）起任嘉兴府嘉兴县知县。④ 丁宾曾致信郑县令，与他讨论"相道师道之精微"，并在信后另附一札，拜托郑氏照顾家乡的典刑官朱虞老。⑤ 再譬如，同府的桐乡县，原有宗将军祠，用以祭祀嘉靖年间因抗倭而殉难于当地的名将宗礼。朝廷赐宗将军祠于皂林镇。天长日久，祠庙破损，丁宾认为宗礼有功于桐乡，其祠需要善加维护以报恩德，于是向桐乡知县须之彦言道："贵治皂林官塘地方，旧建有宗将军祠者，盖嘉靖三十三年御倭寇战死于此，而郡人即其地俎豆之也，壮哉忠义。其功德于桐乡世世不泯。顾岁月既久，风雨飘摇，而庙貌亦浸浸摧圮剥落，殊弗称往来瞻礼之意。老父母政首维风，素厪励俗，敢望动支无碍钱粮，特为修葺，不但抚慰地方诸人报德报功之意，而台臺善政亦当与古人争烈矣。"⑥

以上列举了丁宾社会交往的大致范围，包括了从朝廷到各地的官员胥吏，包括在任职地共事的官僚、家乡的地方官，以及乡谊同好、士绅达贵。这是一个在当时非常具有普遍性和核心性的社会交际范围。明清时代，任何一个走向官场的士大夫都会处在这样一个范围的人际关系圈中，甚至还可以更大。在这个范围中，有许多交往的对象，并不是出于私人情谊，

---

① 《遗集》卷八《与马骏如父母》，《四库禁毁书丛刊》集部第44册，第310页。
② 光绪《重修嘉善县志》卷十四《官师志上·职官》，《中国地方志集成·浙江府县志辑》第19册，第508—509页。
③ 《遗集》卷七《与詹起鹏父母》，《四库禁毁书丛刊》集部第44册，第238页。
④ 崇祯《嘉兴县志》卷十一《官师志》，第440页。
⑤ 《遗集》卷七《与郑太初父母》《与郑太初父母·又》，《四库禁毁书丛刊》集部第44册，第215页。
⑥ 《遗集》卷八《与胥日华父母》，《四库禁毁书丛刊》集部第44册，第278页。遗集中该信的标题将"须"错写成了"胥"。

而是政务合作,以及维护某一地区社会利益的需要。即使双方并不是朋友,但已同处于官僚系统中,互相的合作、请托便是不可避免的。这一可联络、可利用的社会交往类型,是官场所独有的,它与一般布衣文人的社会交往,在范围和内容上是不可同日而喻的。并且,其交往的层级与官阶大小有密切的关系。试想丁宾做句容知县时,虽然与南京咫尺之遥,但显然很少会有机会与南京的中央级官僚联络;以知县的身份面对浙江的各级地方官,也难以有足够的发言权。

第四章 "古之遗爱"：初任句容

地方环境

句容县（见图 21）位于长江南岸，因境内句曲山的山形而得名。句曲山形如"巳"字，状有所容，故地名"句容"。据传西汉时道教的三茅真君到句曲山修炼，至此山名改为茅山。

宋元丰年间（1078—1085），有人描绘句容之地"据华阳地肺之胜，因山容句曲之名；南揖绛岩，北带长江，东达吴会，西隶建康"。[①] 这是句容周围形胜的大致情况。句容境内则山脉众多。北部有东西走向的宁镇山脉，从北到南可分为三列，北列有铜山、青龙山、楼霞山等，中列有射鸟山、宝华山、西毛山、东毛山、雾岐山、天王山等，南列有乌鸦山、九华山、石雁山、南山、昆山、高丽山等。南部以茅山山脉为主，主峰称大茅山，由头茅、二茅、三茅三峰组成，其中头茅峰海拔约520米，号称江南第一高山。[②] 明代大学士、

---

① 弘治《句容县志》卷一《形胜》，《天一阁藏明代方志选刊》第 11 册，上海古籍书店 1998 年版。

② 李长传编著《江苏省地志》，据民国二十五年（1936）铅印本影印，《中国方志丛书》，台北成文出版社 1983 年版，第 268 页。

图21 句容县四境图（据乾隆《句容县志》卷首）

祖籍句容的李春芳道："吾容在万山中崇冈叠嶂，蜿蜒盘踞，屹若屏翰。"[1]
句容县在明代隶属应天府，西距南京约有九十里，县境内有赤山湖，是秦
淮河的发源地。句容地处南京与镇江府之间，东部扼丹阳—京口一线，北
则有龙潭、下蜀两处长江航道渡口。这样的地理形势，使句容不仅仅是明
代留都的畿辅重地，更成为南京的东南门户。因而，将句容称作"石城左臂"
是恰如其分的。[2]

　　句容处于群山环抱中，山多圩少，地势较高，田土并不肥沃，是一个

①　乾隆《句容县志》卷二《建置志·城池》，清光绪二十六年（1900）刻本，《中国地
　　方志集成·江苏府县志辑》第34册，江苏古籍出版社1991年版，第506页。
②　参见《明史》卷四十《地理志一》，第911页；乾隆《句容县志》卷一《舆地志·形
　　胜》，第496页。

"地窄人稠"的地区。这样的资源条件，必然不能只依靠农业种植，因此明代中叶之后的句容县，百姓中除"勤农之外，商贾工艺尤众"，不仅有许多人在当地从事工商业，即"列肆而居者若鳞次"，还有众多在外地从事长途贸易做客商的人。县中所产棉、麻等手工艺品，也多售卖至外地。尽管"岁秋之获，尚未足以接新登"，但有工商业的补充，句容县百姓家多富饶，文物颇盛，有"京畿首县"之称。① 句容县的地理位置，决定了这不是一个无足轻重的县份。明代时句容县县政给人的基本印象是"地冲、差重、颇饶、民贫、窎远，争讼缠绕，必胜乃止"。② 至清代定州县等级，句容占"冲""难"两字。③ 所谓"交通频繁曰冲，犯罪事件多曰难"。明代的情况与清代基本相同。

句容县内，县城按方位划为四个坊，周围分为十六个乡，即通德乡、福祚乡、临泉乡、上容乡、承仙乡、政仁乡、茅山乡、崇德乡、句容乡、来苏乡、望仙乡、移风乡、孝义乡、仁信乡、风坛乡和琅琊乡。明隆庆六年（1572）审户造册，句容县有三万五千八百四十七户，计二十一万五千九百八十六口，其中男性数量超过十三万。编户二百一十四里。④ 丁宾第一次做官，便被安排在了这样一个"南甸大邑"中。⑤

明清时代，县衙不仅是一县的政治中心，也是知县日常办公和生活的空间。⑥ 句容县治一直处于县城正北，元末战乱时被毁。明洪武二年（1369）

---

① 弘治《句容县志》卷一《风俗》，《天一阁藏明代方志选刊》第11册，第2页b。乾隆《句容县志》卷一《舆地志·风俗》，《中国地方志集成·江苏府县志辑》第34册，第56页、第59—60页。

② （明）陶永庆校正，叶时用增补《大明一统文武诸司衙门官制》卷一《南直隶》，明万历十四年（1586）宝善堂刻本，《续修四库全书》第748册，第455页。

③ 《清史稿》卷五十八《地理志五·江苏条》，1985页。

④ 万历《应天府志》卷十九《田赋志》，明万历五年（1577）刻本，第17页b—18页a。乾隆《句容县志》卷五《民赋志·户口》，《中国地方志集成·江苏府县志辑》第34册，第585页。

⑤ 弘治《句容县志》序，《天一阁藏明代方志选刊》第11册，第1页a。

⑥ 详参冯贤亮《明清江南州县的衙署》，载《传统中国研究集刊》（第四辑），上海人民出版社2008年版，第381—409页。

在原基上重建了正厅、谯楼和正堂，后经景泰五年（1454）的扩建，县衙已经壮丽可观。当时县治内的建筑有正厅三间、库房一间、穿堂二间、明清堂三间、左耳房三间、右耳房三间、仪门三间、戒石亭一座、谯楼三间、幕厅一间、东司房六间、西司房六间、监房十间、狱神祠一间、县衙土地祠八间、井亭二间、架阁库六间。县内官员的公廨分别有知县十间、县丞八间、主簿七间、管马主簿七间、典史六间、吏舍四十间。[①] 嘉靖时，县令将申明

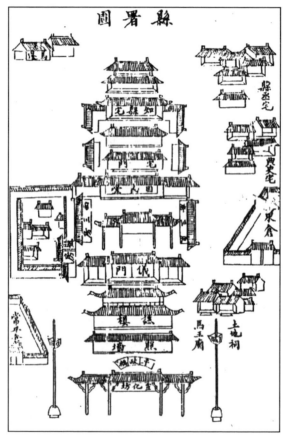

图22　句容县县署图（据乾隆《句容县志》卷首）

---

① 弘治《句容县志》卷二《公署类·县治》，《天一阁藏明代方志选刊》第11册，第2页。

亭设在县治前东侧，旌善亭设在县治前西侧。县治东的空地上又兴建了三间仕优亭，以石池环绕。隆庆末，在仪门左侧还建有"寅宾馆"三楹。[①]万历四年（1576）时，丁宾修整了县治东南角的土地祠。县治前牌坊两侧的小池塘在整修后由丁宾分别题词，左为"洗心"，右为"浴德"，以彰显自己的治县节操。池塘周围还建起土墙，在门口挂一匾额曰"地肺"。后来，丁宾又将管马主簿的废弃宅院改造为菜园，题名"味长"，颇具生活气息。[②]（见图22）

除知县外，万历年间的句容官署中主要还有县丞一人、主簿一人、典史一人、儒学教谕一人、训导二人、阴阳训术一人、医学训科一人、僧会司僧会一人、道会司道会一人。[③]丁宾与他们共同治理句容一县。

丁宾赴任临行前，父亲丁衮对丁宾有一番教诲："汝今为令，下情不可不察。诸生贤我望进取，绅弁贤我望听受，邮使贤我望晋接，唯有着瓜皮小帽者贤我，则真贤矣。"[④]丁衮虽然没有做过官，但对官场的"潜规则"还是有些了解。他不希望自己的儿子迷失在各种"拍马屁"的花言巧语中，而受人牵制，特意告诫儿子要明辨是非，做个能够为百姓拥戴的好官。丁衮显然对丁宾寄予了厚望，鼓励儿子"宁拙毋巧，宁缓毋骤，唯勤与廉可以补孱，勉旃哉"！[⑤]从丁宾在句容七年的所作所为来看，他确实没有辜负父亲的期望，切切实实为当地民生做了不少贡献，还赢得了"清霜皎日"之誉。[⑥]

---

① 乾隆《句容县志》卷二《建置志·公署》，《中国地方志集成·江苏府县志辑》第34册，第510页。

② 同上。

③ 万历《应天府志》卷十七《官职志》，明万历五年（1577）刻本，第5页。

④ 《家乘》卷三《累赠资德大夫正治上卿太子少保南京工部尚书显考怀梅府君传》（丁宾撰），第28页a。

⑤ 《家乘》卷三《封文林郎句容令怀梅丁翁墓志铭》（王世贞撰），第24页b。

⑥ 乾隆《句容县志》卷十《艺文志》"丁侯德政纪"，《中国地方志集成·江苏府县志辑》第34册，第751页。

县政施行

明代县级政府的日常政务中，赋役征收和审理词讼始终占据着中心地位。[①]丁宾自己也这样认为，他说："县令除库藏、狱囚、衙舍、城池加意看守外，晨夕念虑所当操持者，唯清、慎、勤三字，其见行事体，大概头脑唯词讼、钱粮两端。"[②]

"词讼"的相关政务并没有资料流传下来，单从"钱粮"一项上看，丁宾确实做了诸多的努力。

这一时期恰逢明代中叶的赋役制度改革。王朝初期建立起来的赋役征收体制在实际操作中已日趋混乱崩解。人丁的增减、田土的变动早已不能准确有效地反映在黄册和鱼鳞图册中，尤其在经济文化最发达的江南地区，官、民田田则不均，士绅豪户勾结官府滥用优免，田主用"诡寄""飞洒"等一切手段逃避重赋。赋役被转嫁于无所依靠的普通百姓，造成民户逃亡，里甲半数无存。王朝的赋役制度亟待变革。

从嘉靖年间开始，江南地区陆续开始一系列的变革活动。如扒平田则，税收不分官、民田，徭役签派用归并诸役的"征一法"，人丁税逐渐摊入到田亩中，等等。隆庆年间，海瑞巡抚江南，辖应天等十府。海瑞在嘉靖时期改革的基础上继续推行均平赋役的新役法。海瑞之法简单而言，即"以一县繁简适中为准，总计徭役几何，当用雇值几何，于是概一县之田，除一切优免外，总计田亩几何，一亩当出雇值几何，不论官、民，惟按户计亩，按亩收值，其编差徭，官自办雇"。[③]在应天府，乡绅顾起元记录海瑞的改革："以官田承佃于民者日久，各自认为己业，实与民田无异，而粮则多寡悬殊，差则有无互异，于是奏请清丈，而官民悉用扒平，粮差悉取一则，革现年之法为条编，考成料价，一应供办，俱概县十甲人户通融均派，而向来丛弊为之

---

① 何朝晖《明代县政研究》，北京大学出版社 2006 年版，第 276 页。

② 《遗集》卷七《复钱定斋明府》，《四库禁毁书丛刊》集部第 44 册，第 216 页。

③ （明）刘仕义《新知录摘抄·一条边》，沈节甫编《记录汇编》本。

一清，优免之家不失本等恩例，而细民偏累之病一旦用瘳。于是田价日增，民始有乐业之渐矣。"①海瑞的这些措施，已经基本接近万历年间在全国推行的"一条鞭法"了。

万历二年（1574），丁宾来到句容县，延续一直在进行的赋役征收变革，在县内清田赋，严查"飞诡"，共清出未收田一千余亩，清除已故人丁一千余口。又重新制定田则，取消官、民田则之差，"减繇役，豁羡余"，通共"岁省民供本、折各七千七百有奇"。②万历初年，条编之法的施行还有一定的局限，许多征派项目尚未纳入，如"前条编已久，特派规未定，凡给诸薪水，取自闾阎，不无以缓亟滋弊"。丁宾则进一步将"署役薪水所需，亦通派之条编，按季关给"。③

句容县有岁积仓，在距离县治西北约七十里琅琊乡龙潭镇。正统二年（1437）在周忱的规划下，仓址由原来的下蜀镇迁到龙潭这个离长江更近的位置。明初，各县税粮由粮长收上来之后，并无专门的仓库储存，粮长于是囤粮于自己家中，这极容易发生监守自盗、赔累小民的事端。户部右侍郎衔巡抚江南诸府、总督税粮的周忱因此下令各县于水次码头设粮仓，收囤税粮，同时也便于向外运输。④弘治初年，句容岁积仓增修仓廒百间，建正厅三间，后堂三间，左右厢房各三间，门楼三间。到嘉靖二十五年（1546）时，岁积仓的仓廒被按照全县的坊、乡分为十七区，分别对应各坊、乡上缴储存的仓粮。但是，岁积仓地处偏远，粮长每次来交粮，无法当天往返，必须在附近赁房居住以等待。这笔赁房的费用会以加耗的形式转移到交粮百姓的身上。万历四年（1576），丁宾在仓廒隙地建官房八十间，"中为凿井，覆井以亭"，

①　（明）顾起元《客座赘语》卷三《条鞭始末》，中华书局1987年版，第62页。

②　乾隆《句容县志》卷七《秩官志·明宦传》，《中国地方志集成·江苏府县志辑》第34册，第639页。（清）邹漪《启祯野乘二集》卷三《丁清惠传》，清康熙十八年（1679）刻本，《四库禁毁书集刊》史部第41册，北京出版社1997年版，第101页。

③　（明）茅一桂《丁侯德政碑记》，乾隆《句容县志》卷十《艺文志·碑文》，《中国地方志集成·江苏府县志辑》第34册，第750页。

④　唐文基《明代赋役制度史》，中国社会科学出版社1991年版，第133页。

里面配备基本的生活器具，免费提供给前来交粮的粮长等人居住，不许他们再在外赁房。官房外"缭以崇垣，对辟二门"，一曰"粮舍南关"，一曰"粮舍北关"。丁宾在仓廒所分的十七个区中立匾明示：

> 照得本县去本仓七十余里，粮长到县仓，未免两处赁房，比之别县省费，绝不相同，为此，议造官房几间，冀省粮长分毫之费。省粮长则可绝加耗，绝加耗则小民不敢拖延而插和。是惜粮长所以惜小民也，惜小民所以便领运也，亦苦心矣。自今之后，止令各乡排甲、粮长、轮年居住，衙役不许生事需索，居民不许狡谋侵占。其通县粮长兑完之日，自具"本房见今修好，并无损漏倾颓"结状到官，以便稽查。使本图各排常年到仓便可谯宿，庶几不负建立官房之意。仍仰各区头、粮长回日一同禀官照，仓廒封锁，官房南北总门，不得私开取罪。其本乡粮长但不许出乡乱住，以挠官法。一乡之中，情愿同房同爨者，任其自为一所，不得拘定挨图之说，以拂人情。如此体谅，仍有不肯守住官房者，查出究治，枷号不恕。①

漕粮收缴是关系国家运行的大事，也是考察地方官是否称职的最重要的标准。但是，从催征、运输到缴纳的一系列过程中，会产生诸多损耗或额外的费用，比如上述粮长等待交粮过程中的住宿花费便是其中一项，而这些一般会平摊至每个纳粮户，与正额一起征收。随着赋役制度施行中的弊病日渐增多，额外的征收日益沉重，严重者甚至会超过正额之数。

丁宾建官房，希望用强制的方式杜绝交粮过程中因粮长赁房而产生的费用，针对的正是这种情况。节省粮长在交粮时的花费，实质上是减少了百姓的负担，更有利于漕粮收缴工作的顺利完成，所谓"惜粮长所以惜小民也，惜小民所以便领运也"。在管理上，丁宾明令禁止衙役的需索和闲杂人等的

---

① 乾隆《句容县志》卷二《建置志·仓库》，《中国地方志集成·江苏府县志辑》第34册，第508页。

侵占，粮长住宿和退宿都有结状为凭。彼此熟识的粮长，还允许其同住一房，照顾到了人情。丁宾的这项举措，被公认为"尽力于民矣"。

赋役征派的前提是生产的保障，而水利是农业生产的命脉。句容山多圩少，且圩田又都浅显，极易被淹。因此对句容农业来说，修堤护圩是至关重要的。[①] 如句容县南的临泉乡，地势低洼，其中谢桥村的百丈圩更为低下，既难蓄水又难泄洪。这一带的圩田约有一万三百亩，圩埂约二十五里，居住着十八个村的村民。当地百姓曾垒简易的石渠来排水护圩，但被万历五年（1577）的一场大水冲毁。丁宾决心治理，他将二十五里的圩埂按照所属村庄分为十八段，交各村负责。在西北部地势较高的地方修建了东、西、南、北、上五闸，编号为乾、元、亨、利、贞，称上圩；东南地势较低的地方置文、行、忠、信四硐，称下圩。各村百姓以土地的多少承担修筑及维修的任务，由此解决了圩内蓄水、排水的问题。圩内百姓感激丁宾保圩的功劳，特建甘棠祠以纪念。到清代乾隆初年，圩内土地买卖，双方推诿修埂的责任，争讼不断，政府不得不出面堪明，最终仍是按照当年丁宾设计的规制再次确定下来。[②]

社会生活和救济方面，丁宾也多有贡献。句容县用盐原本是经西部应天府石灰关输入，后因道路不便，改经从北部扬州府的仪征过江，至句容县河口镇输入。但渐渐地，牙行见有利可图，于河口镇积聚，哄抬盐价，百姓受害颇深。为平抑盐价、规范市场，万历三年（1575），丁宾向金点的句容县富商和北部盐商发放类似盐引的凭证，据此凭证才可将盐运至句容进行售卖，杜绝了牙行的作梗。接着，丁宾还在河口镇建盐仓二十余间，并特意抬高地基，防范水患，便于储盐，更重要的作用在于，令到此买盐的句容商人入仓居住，方便稽查。至清初，河口镇坍入长江中，盐仓转移至另一处的下

---

① 光绪《续纂句容县志》卷六上《水利·圩岸》，《中国地方志集成·江苏府县志辑》第35册，第134页。
② 乾隆《句容县志》卷三《山川志·圩岸》，《中国地方志集成·江苏府县志辑》第34册，第547页。

图23 句容茅山
（据乾隆《句容县志》卷首）

蜀镇，但丁宾为防止牙行抬价而实行的措施一直得到保留。①

　　句容县中用以储稻备凶的社仓，始建于隆庆二年（1568）。由巡抚都御使史林颁行"散敛规则"：社仓稻米于青黄不接之季有偿赈济百姓，"每岁夏放本稻一石，冬收一石二斗"，若遇小荒年，则蠲息一分，中荒年蠲息一分五厘，大荒年全部蠲免。此后，经过两代知县的筹备，到丁宾时社仓储存稻米三万七千四百八十七斗余，每坊、每乡中择空闲民居或寺庙等宽大、地势高爽之处各设一仓库，共计十七社。丁宾任内，社仓经营"放散有条式"，但丁宾离任后，社仓之置遂荒废，二十年后才又恢复。②

　　县内的义冢，最早于成化十八年（1482）设，分东西南北四处，规模从二亩到四亩不等。万历四年（1576），丁宾新增义冢："东在东门外王婆店，计二十五亩；西在西门外，计五亩；南在山川坛东，计二亩；北在演武场东，

---

① 乾隆《句容县志》卷二《建置志·仓库》，《中国地方志集成·江苏府县志辑》第34册，第509页。

② 乾隆《句容县志》卷二《建置志·仓库》，《中国地方志集成·江苏府县志辑》第34册，第508页。（明）钱士升《赐馀堂集》卷九《赠光禄大夫太子太保南京工部尚书丁清惠公墓志铭》，清乾隆四年刻本，《四库禁毁书集刊》集部第10册，北京出版社1997年版，第534页。

计十亩。"①规模明显大了很多。

社会风俗方面，句容县面临的一大问题是茅山（见图23）的存在。茅山是道教的"第一福地、第八洞天"，每年三月十六日的"三茅真君得道之辰"都会吸引四面八方的人前来祭拜祈福。明代法律有"亵渎神明"条，禁止女性拜神："若有官及军民之家，纵令妻女于寺观神庙烧香者，笞四十，罪坐夫男。无夫男者罪坐本妇。其寺庙观神庙住持及守门之人，不为禁止者，与同罪。"②但明中期以后，妇女朝山进香、烧香念佛的现象已大量出现，且极为活跃。③句容茅山也不例外。每年春初，茅山"附近之家妇女容有乘便登山者，四外乘风；亦有妇女远来者，未免混杂其中"。④作为地方官，当然不能容忍这种有碍男女大防、污浊世风的活动。丁宾初任句容令后，在茅山北镇街盖"妇女不许上山"六子碑亭作为警醒。万历五年（1577）时，又联合附近金坛、宜兴、丹阳、丹徒、仪真、六合、江浦、上元、江宁、高淳、溧阳、溧水、建平、当涂等县，共同约禁妇女上山拜神，希冀改良一方风俗。万历六年（1578）时，在应天巡抚和南京礼部各院的支持下，丁宾在茅山上、下两宫中间的道路北侧筑起一堵大墙，亲自写上"妇女不许上山"六个大字来重申；又在道路南侧建了一座无梁亭，将《大明律》中"亵渎神明"一款的内容刻于亭内的石碑上。⑤在晚明日益开放的大环境下，丁宾的这种禁令虽然难以长久维持，但他坚持整治风俗的努力是身为地方官的分内之责。

从万历二年到八年（1574—1580），丁宾在句容知县的位子上待了六年之久。明代官员，一般三年考满一次，按照政绩迁转他职。丁宾署任知县两届，

---

① 乾隆《句容县志》卷四《古迹志·冢墓》，《中国地方志集成·江苏府县志辑》第34册，第559页。

② 《大明律》卷十《礼律一·祭祀》"亵渎神明"条，法律出版社1999年版，第89页。

③ 参见李媛《16至18世纪中国社会下层女性宗教活动探析》，《求是学刊》2006年第2期。

④ 《遗集》卷八《与句容施令》，《四库禁毁书丛刊》集部第44册，第301页。

⑤ 《遗集》卷五《茅山奉律亭碑记》，《四库禁毁书丛刊》集部第44册，第175页。《遗集》卷八《与句容施令》，《四库禁毁书丛刊》集部第44册，第302页。

这一经历在句容县历史上虽不是特例，但也并不多见。万历朝之后，任期超过三年的知县，除了丁宾，只有万历二十六年至三十年（1598—1602）的茅一桂、万历三十四年至三十八年（1606—1610）的曾士懋和崇祯四年至十年（1631—1637）的李芳联三人。谈迁在笔记《枣林杂俎》中记有一段丁宾考满时的轶事。万历八年（1580），丁宾第二次以句容知县的身份入京考核，拜见了座师和内阁首辅张居正：

> （丁宾）治句容六年，入觐。谒江陵师相于朝房，师相曰闻吏绩甚著，答曰："更三年尤好。"师相曰迂阔。吏部因不考选，江陵见单曰：句容不当遗。选御史。[①]

不知这句稍显迂阔的回答是否发自丁宾的内心。总体来看，丁宾在句容的六年间，"廉明简易、不事钩索，而至诚烛物"，[②] 他施行的各种体恤民力、照顾民生的政策，实现了父亲对他"下情不可不察""唯勤与廉可以补罅"的要求。在句容百姓心中，丁宾是有一定的分量的。

当地百姓将丁宾奉为"古之遗爱"，在茅山上建有"遗爱祠"。万历二十六年（1598）的探花、江宁人顾起元，万历初年曾在句容居住过一段时间，他回忆居留句容时所见所闻的情形道："闻四境之内，讴吟思公者，自冠带之伦，以逮荛夫、牧竖、妇人、孺子，如出一口也。"他还形容句容百姓"闻公言者，如饮甘露；睹公面者，如睹卿云，游公庭者；如登春台，戴公德者，如倚大亲"。据顾起元称，即使万历八年（1580）之后丁宾已丁忧归乡，有不少句容士民遇事仍然会亲自到浙江嘉善询问丁宾的意见，可见丁宾在句容的威信之深。[③] 后来，句容百姓在城内的三思桥附近

---

① （清）谈迁《枣林杂俎》和集《丛赘·丁宾》，中华书局 2006 年版，第 572 页。

② （清）邹漪《启祯野乘二集》卷三《丁清惠传》，清康熙十八年（1679）刻本，《四库禁毁书集刊》史部第 41 册，北京出版社 1997 年版，第 101 页。

③ 乾隆《句容县志》卷十《艺文志》"丁公生祠碑记"，《中国地方志集成·江苏府县志辑》第 34 册，第 750—751 页。

为丁宾立生祠，专门邀请顾起元撰写了《丁公生祠碑记》。[①] 直至清乾隆年间，丁宾的生祠仍然比较完好地保存着。[②] 除了"遗爱祠"和"生祠"，句容百姓为纪念丁宾所建的祠庙，还有位于县城西门内的"四贤祠"，里面祭祀有句容自建县以来至明末最杰出的三位知县，即徐九思、丁宾和陈于王，以及天启朝应天督学金兰。[③]

万历初年革职闲居的海瑞也常听到丁宾在句容的政绩，称他"百度具举，满腔子尽是恻隐政，又足以发越之而无遗其才也。一尘不染，六年一日，其节也目见耳闻。一时循良声称天下。"[④] 苏州人王世贞对丁宾也赞叹有加："余里居，而嘉善人丁君宾为句容令，其治所与家，俱距余四百里，而近诸自句容来者，无不啧啧称令，以为在古桐乡中牟之间。"[⑤]

---

① 明嘉靖之后，为感激地方官"功德于民"而为其建生祠的现象已十分普遍。可参考赵克生《明代生祠现象探析》，《求是学刊》2006 年第 2 期。

② 乾隆《句容县志》卷四《古迹志·祠庙》，《中国地方志集成·江苏府县志辑》第 34 册，第 560—561 页。

③ 同治《续纂江宁府志》卷四《祠祀》，清光绪七年（1881）刻本，第 11 页 b。（明）魏大中《藏密斋集》卷十三《福建按察使颖亭陈公行状》，明崇祯刻、清嘉庆补刻本，《四库禁毁书丛刊》集部第 45 册，北京出版社 1997 年版，第 173 页。徐九思，一名九经，江西贵溪人，嘉靖中期任句容知县。陈于王，字伯襄，别号颖亭，浙江嘉善人，万历二十五年（1597）任句容知县。

④ （明）海瑞《备忘集》卷三《赠丁敬宇父封君寿诞序》，《景印文渊阁四库全书》集部六，别集类五，第 1286 册，台湾商务印书馆 1986 年版，第 90 页。

⑤ 《家乘》卷三《封文林郎句容令怀梅丁翁墓志铭》（王世贞撰），第 22 页 a。

第五章 "剑威江旅": 久莅南京

尴尬的"留都"

明初朱元璋定都南京。作为王朝的都城，南京有完整庞大的中央机构，集中了大量的文武官员及他们的家眷。此外还有约二十万的卫所官军驻扎。[①] 朱元璋一方面将南京的土著百姓驱置云南，一方面"取苏、浙等处上户四万五千余家，填实京师"。[②] 至洪武末期，南京城内外坊厢人口，加上文武官员、戍卫官军、国子监生以及定期在京师服役的轮班匠和应天府住坐匠，总数达到约七十万人。[③] 整个南京城经过多次拓建，周长号称九十六里，外环是一百八十里的郭城，内有皇城和宫城。城市内部实行功能区的划分。城东部为政治文化区域，集中有宫殿园囿和官舍衙门等。城西部以内桥为界，北面是军事区域，南面则是工商业区域。[④]

但永乐朝之后，迁都北京，不仅带走了政府机构、大半的官员、驻军，还随之迁走民、匠两万七千余户，生活在南京的人口数量大幅减少。[⑤] 更为

---

① 《明太祖实录》卷二百二十三，"洪武二十五年十二月"条。

② （明）顾起元《客座赘语》卷二《坊厢始末》，中华书局 1987 年版，第 64 页。

③ 范金民《明代政治变迁下的南京经济》，《明史研究》第 9 辑，2005 年。

④ 陈忠平《明清时期南京城市的发展与演变》，《中国社会经济史研究》1988 年第 1 期。

⑤ （明）顾起元《客座赘语》卷二《坊厢始末》，第 64 页。

重要的是，南京的政治地位一落千丈。全国的政治中心转移到北京，建立起新的中央机构和行政中心。南京的各部机构虽然仍保留，但人员被大幅裁省，职能也发生巨大变化，即"事权不属，职事高简"，[①]形同空架子。时人言，"南吏部不与铨选，礼部不知贡举，户部无敛散之实，兵部无调遣之行，视古若为冗员"。[②]因此，自确立两京制度后，南京的职官普遍被朝野上下视为"闲职"。在政治上失意的人也往往被排挤到南京，明升实降。相同级别的官员，在南京任职者的迁转速度和力度也不如北京。不过，南京依然不同于其他普通城市，身为"留都"，南京依然是全国的财赋重地。江南地区每年向北京乃至全国输送大批的粮食和各类贡品，以保障宫廷和官僚机构的正常运转。军事上，尤其倭寇横行之际，南京还肩负着守卫半壁江山的责任。[③]

丁宾在留都时，居官都察院的时间最长。明朝迁都北京之后，原来设在南京的都察院，人员被精简，只保留了右都御史一人领院事，原本应有两名的副佥都御史也只留了一名，兼领操江之职。洪熙年间南京都察院曾被整体裁撤，至正统时又恢复。[④]其中，右都御史为正三品。丁宾所任的佥都御史为正四品，俸禄每年有米二百八十石，折色俸二百十八石四斗，另支给柴薪皂隶六名，直堂皂隶若干。[⑤]丁宾在万历三十四年（1606）由南京太常寺少卿转任南京都察院右副佥都御史，直至万历四十年（1612）升转他任。

南京都察院在太平门外，西、南临玄武湖，署衙的核心是正堂以及北面的穿堂、后堂，周围还有经历司厅、司务厅、收粮厅、俸粮厅、银库、文卷库、司狱司、提牢厅、医生房、皂隶房、土工房、牢房、狱卒房、看饭厅等。

---

① 《明会要》卷三十一《职官·南京吏部》，中华书局1956年版。

② （明）顾起元《客座赘语》卷二《两都》，第36页。

③ 张英聘《明代南京行政功能初探》，《明代研究》第7辑，2001年。

④ （明）施沛《南京都察院志》卷三《职官一》，明天启刻本，《四库全书存目丛书补编》第73册，齐鲁书社1997年版，第85页。

⑤ （明）施沛《南京都察院志》卷三《职官一》，《四库全书存目丛书补编》第73册，第75—76页。

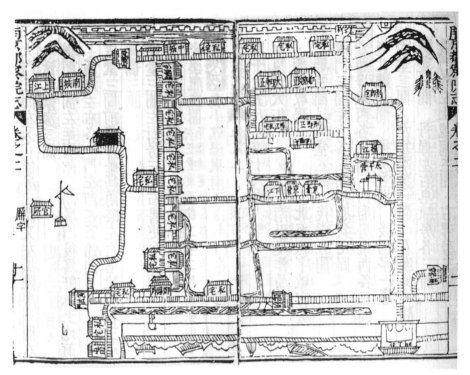

图24　南京都察院操江官署及私署图（据《南京都察院志》卷二）

操江则另有官署，在太平营南。副佥都御史的私署在操江官署以西的都堂街，有正厅五间，枕厅、书房各一间，东西厢房各三间，后堂七间以及大门、中门、书吏房、厨房、卷库、小厅、后房等若干间（见图24）。[①] 都察院官署，以及操江官署和私署，是丁宾从万历三十四年到四十年（1606—1612）在南京工作和生活的核心空间。

不过在现实中，这些官、私衙署并不是想象中的华丽威严。[②] 南京的各行政衙门主要建造于明初，永乐之后迁都北京，南京虽然仍保留了一套相对

①　（明）施沛《南京都察院志》卷二《廨宇》，《四库全书存目丛书补编》第73册，第66页。
②　明代南京的官房制度和变迁情况可参考罗晓翔《明代南京官房考》，《南京大学学报》（哲学·人文科学·社会科学）2014年第6期。

完整的行政机构，但其地位和重要性已毋庸置疑地下降。南京都察院的署衙自明初建成后，仅在万历十九年（1591）维修过一次册房、库房和监房，主体的都察院公堂及十三道御史公署，两百多年间一次维护修整都没有，以至于丁宾刚走马上任，至堂内办公时，公座旁边忽然掉下一根衰杇的房梁木，差点砸中他，令"左右怵然，皆为失色"。①

官员私署的情况也十分堪忧。右都御史和佥都御史的私署都在都堂街，其东西两廊又创建官房，分给十三道御史居住。但是嘉靖年间"南京官廊房屋历年通被军民占为己业，法司各官反行赁典借住"。当时的右都御史王轨提出解决办法，由官府出钱，以房屋价值一半的价格向占住的军民赎买回原本就是官府的房产。②丁宾在任时，这些"廊巷诸房大半坍塌，鞠为蔬场，而台员靡有宁处"。③

从行政规制上看，丁宾只是南京都察院的副职，正职是右都御史。但是至晚从丁宾任职的第二年开始，正职右都御史便一直是缺官未补的状态。因此，丁宾在都察院期间，大多时间以右佥都御史的身份同时"署南京都察院"，也即成为事实上的最高长官。

现存丁宾的文集中，保留有四卷共七十二份奏疏，绝大部分是丁宾在南京任官期间所写。除去有关考满、自陈、给由、乞免、乞休、谢恩等例行内容的奏疏，涉及南京地方事务的奏疏有三十四份（见表 3），包含有当时南京社会中诸多亟待解决的问题。

表3　丁宾居官南京期间所题奏疏

序号	奏疏
1	恳念留都枢要停止编审铺行疏

---

① 《遗集》卷二《乞照例敕修留台疏》，《四库禁毁书丛刊》集部第 44 册，第 38 页。
② （明）施沛《南京都察院志》卷二《廨宇》，《四库全书存目丛书补编》第 73 册，第 65 页。
③ 《遗集》卷二《乞照例敕修留台疏》，《四库禁毁书丛刊》集部第 44 册，第 39 页。

续表3

序号	奏疏
2	留都总宪久缺乞赐点补疏
3	留都缺人乞赐改补行取疏
4	擒获妖犯乞正典刑疏
5	留台总宪员缺乞赐点补疏
6	擒获妖党乞正法并叙劝劳官员兼陈善后要领疏
7	水患乞点补台臣疏
8	查照部咨代请屯灾疏
9	乞照例勅修留台疏
10	查参江防溺职疏
11	催补留都大僚疏
12	征钱雇募总甲以苏军民重困疏
13	考选军政官员疏
14	严禁武弁驿扰议催柴直银两疏
15	留都钱法大坏疏
16	年终举劾武职疏
17	船政催征不宜兼摄疏
18	岁终类报功次叙录文武职官疏
19	保留府佐官员疏
20	循例荐举方面官员疏
21	循例荐举有司官员疏
22	循例举劾武职官员疏
23	地方灾伤乞酌量蠲免疏
24	修理桥梁疏
25	留都武弁穷极堪怜乞赐议处袭替疏

续表 3

序号	奏疏
26	请给督册关防疏
27	修理殿房以崇奉祀疏
28	恳怜织造苦役归并苏困疏
29	报完桥工疏
30	殿房修理报完疏
31	开浚河道以疏地脉疏
32	报完开浚河道疏
33	查核课银举劾以肃芦政疏
34	凑处辽饷以重边计疏

　　万历以后的大明王朝，虽然经济上一派繁荣景象 ①，但开国两百余年积累下来的各类社会矛盾已层出不穷。皇帝的懒怠、官员间的倾轧与频繁出现的天灾，使社会形势更加恶化，即使是在最发达的江南地区，亟待整顿、补救或改革的问题也很多。从万历二十六年（1598）起，丁宾面临的就是南京"留都"长期积累下的社会弊病与交织其中的各种矛盾突发。

赋役与民生

　　明代中叶以来，不仅乡村社会中以田土多寡为征派基础的赋役系统出现问题，城市社会中的劳役安排也日渐畸形。城、乡间面临的问题具有一定的共同性，即滥用优免和行政腐败导致的签派不平等，以及服役人户被迫承担役种原有规定外的负担。城市生活中因之出现许多矛盾，甚至冲突。各地针

---

① 详参许涤新、吴承明《中国资本主义发展史》第一卷《中国资本主义的萌芽》，社会科学文献出版社 2007 年版；傅衣凌《明代江南市民经济初探》，中华书局 2007 年版。

对日趋严重的积弊，渐次进行整顿和改革，其中最重要的当然是有关田土和人丁的"一条鞭法"。此外，城市中的各项劳役的签派方式，也陆续发生变化。丁宾在南京各部门任官的二十多年间，亲身经历并主持了两次南京城市重要劳役的整治，一次关于铺户，一次关于总甲。

1. 铺户

明代将开店设肆的百姓编入"商籍"，根据所经营行业的不同，又组成了各种各样的铺行，例如绸缎行、珠宝行、玉器行、布行、面行、茶叶行、卖铁行、颜料行、杂货行等，涵盖工商业贸易的各行各业。这种著以商籍、编入铺行，经营商业及兼营手工业生产的一家一户，就是铺户，也称行户。[①]铺户在城市中开店买卖的同时，需要向官府供应实物和提供服务，如科举考试和宗室活动的物资供应与人役、各衙门的供办、儒学的祭祀、户部的草料等。

洪武年间，为了填实、拱卫南京，朱元璋下令从直隶、浙江等地强制迁徙了大量地主、手工业者到都城。因此南京城存在大量设肆开店的铺户，集中分布于三山街至斗门桥的菓子行、大中桥、北门桥和三牌楼等处。到正德年间，江宁一县的铺行种类，达到104种。[②]

在南京，铺户服务于官府的方式，主要是"以物输于官"，官府则支付物品的价值。在这样的安排下，虽然铺户转输货物会有损失，但只要官府不过分压低物品的价格，铺户输物于官的负担是可以接受的。但事实却是，各行物品一入衙门，"胥徒便视为奇货，揢抑需索，无所不有，又或价不时给，或给不偿本"，输物的铺户不仅在价格上有"亏折之苦"，还奔走于衙门之间，饱受"奔迸之劳"。如"一上司买菓馅数觔，各铺家被皂隶骗银十二两，而犹未得交。一上官取松江大绫数疋，每疋止给银一两二钱，而禁不许诉者"[③]。

---

① 许敏《关于明代铺户的几个问题》，《明史研究论丛》第2辑，江苏人民出版社，1983年。
② 正德《江宁县志》卷二《赋税·铺行》，明正德刻本，第7页b—第8页a。
③ （明）顾起元《客座赘语》卷二《铺行》，第59页。

嘉靖年间客居南京的松江人何良俊有更细致的描述：

> 大率两京官各有职掌，与百姓原不干涉。所用货物，皆是令家人和买。……至戊午己未以后，时事渐不佳，各衙门官虽无事权者，亦皆出票令皂隶买物。其价但半给，如扇子值二钱者只给一钱，他物类是，铺户甚苦之。至于道中诸公，气焰熏灼，尤为可畏。有一道长买橙丁一斤，其价和买只五六分耳。皂隶因诈银五六两，南京皂隶，俱是积年。其票上标出至本衙交纳，其头次来纳者言其不好，责十板发出，此皂隶持票沿门需索。其家计算，若往交纳，差人要钱。至衙门中，门上皂隶要钱，书办要钱。稍有不到，又受责罚，不如买免为幸，遂出二三钱银与之。一家得银，复至一家。京城中糖食铺户约有三十余家，遍历各家，而其人遂压所欲矣。①

久而久之，铺户们十分害怕被签派"市物于官"，纷纷用各种方式逃避。但是，官府各衙门和活动所需的各种物品与劳役并没有消失，为了保障官府的需求，南京附郭的江宁、上元两县，采用编审铺户的办法，"籍其人于官以备呼唤"，各铺行的店主被分为若干等第，"以此轮流承应"。②嘉靖四十年（1561）曾规定："应天府各色商人清审编替，五年一次，立为定例。如遇该审年分，该部预先一年题请。不分军民之家，一体编审。"③随着官府愈加恶劣地侵渔，铺行之役已成为一项苦役。

万历初年"一条鞭法"改革后，铺户应役与其他劳役一样，开始征银代役。这意味着在原则上，政府的相关开支已经由征收上来的代役银支付，不能够再派役支使，即"岁派银两、官役自行收买"。万历前期，南京征收的铺户银每年约有二千八百两，用来供各衙门雇役采买使用。但实际上，征解代役

① （明）何良俊《四友斋丛说》卷十二《史八》，中华书局1959年版，第98—99页。
② （明）顾起元《客座赘语》卷二《铺行》，第59页。
③ 万历《明会典》卷四十二《南京户部·铺行》，万历朝重修本，中华书局1989年缩印本，第305页。

银之后再役使铺户的行为依然存在。与此同时，禁革役使铺户的声音在南京也一直不绝于耳。

因此，当万历二十七年（1599）金吾卫千户长马尚仁奏请模仿顺天府的情形在南京编审铺户时，南京的抚、按、道、府等各部衙门的官员纷纷表示了反对。丁宾时任南京大理寺右寺丞，他上疏劝言，提出南京不比"天子脚下"的北京，经济状况惨淡："秣陵凋敝，自古已然，乃其闻军营环列、氓户零星、土著忛离、羁旅喧杂、市廛多湫隘。"南京庞大官僚机构和百姓生活的许多必需品，如粮食、布帛等，本地所产并不能完全满足，还需大量依靠外地的输入，"贩妇贩夫皆佣工力作以赡饥寒，远商近贾皆兔营鬼举而视垄断"，已十分辛劳。在进入南京之前，已有芜湖等地的榷关对行商们进行抽税，还有太监在各地盘剥，再行审行之举，势必会使"东西南北之辙岂惮流携"，导致南京城"朝夕之需更无资藉"。况且，南京是明太祖的陵寝所在，若只图加派的一时之利，"万一利至害生，群心汹汹，致使奸顽借口，而寝地因之不宁，虽宗庙社稷之依凭天壤无极，而木本水源之境界封树谓何"[1]？其他官员也多强调南京稳定的重要性："应天系圣祖旧都，开天之初尚徙四方富户充实其中，近闻编审，流寓之家相率思归，万一人心动摇，群聚倡乱，谁执其咎？"最终在一片反对声中，这一次的审行奏请被驳回。[2]

征银之外，铺户仍被派役的情况并没有得到有效的缓解，官府的强赊使铺户备受其累。丁宾将铺行的这种"编审票拘"，称为"民之害也，政之蠹也"。他指出，南京地区"太常、光禄、国子、应天等衙门所需祭祀、考课、科举各供物料"，从制度设置上已经"奉旨额派"，一体征收，不需要再额外向铺户征派。另外诸如蜜糖、户口、食盐、羊价、面价、油价、糟价、椒价、干鱼等项类钱粮，则是起解于各府州县。如果各衙门能够在每年的春正月，安

[1] 《遗集》卷一《恳念留都枢要停止编审铺行疏》，《四库禁毁书丛刊》集部第44册，第17页。
[2] 《明神宗实录》卷三百四十一，"万历二十七年十一月丁卯"条。

排得力的差官，按时、足额地收解役银，妥善储藏，那么上面这些类目的物品自然可以"随取随给"，何须再累及铺户买办补充？但现实中，各衙门的官员和差官由于各种原因并不能恪尽职守，导致"催取者后期，而应解者拖欠"，役银征收不足，一旦有各项供应的需求，"时不可失、礼不可废"，只能临时权宜凑办，再次命令各铺行买办。丁宾认为这是无法禁绝役使铺户的一个重要原因。

丁宾与时在南京吏部任官的李廷机，共同倡导禁革铺行，坚持"以时催取物价，官役自行收买"。[1] 光禄寺、太常寺所需一应物品，如牲畜、水果、蜡烛、草料等，"俱催解原派原额官银，着令署丞典簿带领厨役，照民间现买"。[2] 丁宾还与南京相关衙门的官员合作，推行不用铺户的恤商之政。他与光禄寺丞刘孟雷联络，叮嘱他"传谕四署官，唤集八书手，将廿八年各署用过物料细细算核的价"，然后将数据"转文差吏，带领各行前去领银"。丁宾希望光禄寺能尽快完成这一过程，从而可以"旧事既完，新规难掩，自此贫商当岁岁沐恩"。丁宾称这一举措"关系真非小也"。[3]

革除铺户之役是当时全国范围内普遍的呼声，各地的官员逐步开展改革，但有明一代一直没有彻底革除铺户之役。铺户役也与快船、运粮和坊厢之役被并列为"役之至苦者"。[4] 不过，丁宾与李廷机等官员着意恤商的思想和措施，使南京城的铺户在一定程度上和一定时期内"顿免繁差"。李廷机后来回忆自己在南京的所作所为，仍然认为"余南京方便之大者，铺行一事"。[5]

2. 总甲

总甲，是明代的一项重要职役。对于城市生活而言，它是治安体系中的

---

① 《遗集》卷五《遵会典革铺行催物价议》，《四库禁毁书丛刊》集部第44册，第179页。

② 《遗集》卷八《李九我·又》，《四库禁毁书丛刊》集部第44册，第274页。

③ 《遗集》卷七《与刘孟雷光禄》，《四库禁毁书丛刊》集部第44册，第224—225页。

④ （明）周晖《金陵琐事》卷二《四苦役》，张增泰点校，南京出版社2007年版，第167页。

⑤ （明）李廷机《李文节集·仕迹》，明末刻本，《四库禁毁书丛刊》史部第44册，北京出版社2000年版，第699页。

一环。明初朱元璋在城市中设置总甲：

> 每日总甲一名，火夫五名，沿门轮派，富者雇人，贫者自役。有锣有鼓，有梆有铃，有灯笼火把，人执一器，人支一更，一更三点禁人行，五更三点放人行。有更铺，可蔽雨雪，可拘犯人。遇有事则铺之甲乙，灯火相接，锣鼓相闻。凡刀枪兵器与救火之具，一有损坏由修铺家整理。

总甲下设火夫，因此也常合称火甲。与总甲相配合的设施是"更铺"或称"火铺"，一般随区域内居民的多寡而设。总甲、火夫的签派以"沿门轮派"为原则，可以自身承役，也可以雇人代役。在北京和南京两城，总甲在五城兵马司的指挥下承役。五城兵马司依据对城市区域的划分（东、南、西、北、中）而设，主要负责城市中巡捕盗贼、缉捕奸宄、洁净街道和疏通沟渠等事务。①

城市总甲的主要职责在于往来巡视，维持治安。如景泰年间，贵州城内有"先畜养人口无食逃去者"以及"土人潜到窥伺"的情况发生，地方官担心"暗出夜入，作细生奸"，于是奏请"选替役老军深知夷情者，令总管地方火甲人等"加强城内巡视。②周忱任苏松巡抚时，当地一度私盐贩卖猖獗，遂下令"华亭、上海并苏州嘉定三县，点选行止服众者为老人，分定地方，率所在总小甲，防守官司，往来巡视，但遇私贩发露，必究经过河路，罪及纵容之人"。③成化八年（1472），淮安府清江浦荒灾，为避免灾民强抢粮仓，各府州县增筑仓墙，同时设更铺，由卫所拨派军余同仓夫、火甲轮番巡守。④成化皇帝还曾特意下旨同意修整各地的更铺铺舍："各城地方设立铺舍以防奸盗，已有定制，然亦有旧有总甲而无铺舍者，有旧有铺舍而年久倒塌者，有铺多人少可归并者，有人多铺少可增置者，欲令各

---

① （明）戴金《皇明条法事类纂》附编《两京兵马司各衙门免其打卯》，《中国珍稀法律典籍集成》乙编第 6 册，科学出版社 1994 年版，第 247 页。
② 《明英宗实录》卷二百二十，废帝郕戾王附录第三十八，"景泰三年九月丙辰"条。
③ 周忱《盐课事疏》，《明经世文编》卷二十二，中华书局 1962 年版，第 172—173 页。
④ 《明宪宗实录》卷一百二十，"成化八年三月甲子"条。

兵马司查勘设立增并则铺舍修饰地方严整矣。"① 嘉靖十一年（1532），京城春荒，朝廷开仓卖粮以平抑物价，命"五城御史严督火甲于平粜处所防守，其有不逞之徒乘机攘夺者，捕送法司治罪"。②

一旦城市治安出现重大纰漏，总甲会连带受罚。正德十五年（1520），北京东城百姓为盗匪所劫，负责巡捕盗匪的人员未能及时破案，受到惩罚："千户姚安例各夺俸两月、把总巡捕官一月、总甲校卒俱逮治。"③ 万历年间，有人偷走了大明左门上的兽环，总甲孔江被"下法司鞫问"。④

总甲的职责虽有明确的规定，但在实际承役中，却逐渐沦为官府随意支使的对象。成化年间，"占役夫甲"的现象就已经非常普遍："兵马之设职，专防察奸宄，禁捕贼盗，疏通沟渠，巡视风火，其责颇重，迩来内外官及诸势要不循旧制，凡事无分公私大小，皆属干理，又从而凌辱之，且占役夫甲，弊非一端。"许多不属于总甲职责范围内的劳役，令总甲不胜其扰，如"刑部检尸、锦衣卫分拨房屋、市曹决囚、南海子巡视，及神木厂、惜薪司、大慈仁寺各处守门巡厂扫除，皆有事其间，至于内官放河灯之类，往往追呼兵马，急于星火，稍不如意辄市辱之"，一旦承役即"至晚不得息"，甚至"一月之间所经衙门二十七处"，令兵马司和总甲根本无时间从事巡捕本职。其不仅要被各处支使，总甲还面临金钱上的需索，譬如供应官府的纸币灯烛钱不够，需要总甲补足；锦衣卫巡夜的酒食，也要由总甲置办。⑤

朝廷一再下令，不许"擅自差遣及占役夫甲"，但总甲应役时"财匮于供应，力疲于奔走"的状况并没有得到根本的改善。⑥ 这些滥役不仅使总甲难以"专守望"，还使得总甲之役成为"大害"。总甲"夜则与火夫摇铃击柝，昼则同小甲打卯报事，及诸下夜坐季官校等互有科索民，至夤缘投托竭财，

---

① 《明宪宗实录》卷五十五，"成化四年六月庚子"条。
② 《明世宗实录》卷一百三十六，"嘉靖十一年三月戊辰"条。
③ 《明武宗实录》卷一百九十一，"正德十五年九月辛未"条。
④ 《明神宗实录》卷四百十二，"万历三十三年八月己未"条。
⑤ 《明宪宗实录》卷八十一，"成化六年秋七月戊子"条。
⑥ 《明孝宗实录》卷二百零八，"弘治十七年二月庚申"条。

鬻产以规避"。① 有权势的人家利用优免特权逃避承役，京中的"内外官家属、并勇士匠作人等，往往恃势不肯坐铺"，其他无权势和贫苦的居民为避免轮派当差，宁肯卖掉房屋。更多的居民则采取出钱雇人代役的方法，以求免灾。

嘉靖年间，伴随着赋役征收方式从实物、劳役向银钱转变的大趋势，许多城市中的总甲、火夫之役，也开始出现了征银雇役的变革，即由官府按照一定的标准向居民征收银钱，再用这些钱雇人担任总甲、火夫，完成维护社会治安的需要。如杭州城，在嘉靖二十四年（1545）之前，火甲劳役已经变为雇役，雇人所花费的费用主要来自征收的间架税。杭州的间架税按照屋基地的面积为标准确定征收数额。嘉兴府的嘉兴县，则征收门摊税，以房屋住宅的价值或者租金为标准征收数额不等的门摊，官方用这笔税收雇用其他人员承担总甲等城市劳役。②

南京城中，居民私雇承役的情况一直持续到万历年间。其间弊病丛生，如"私雇总甲本身既已冒滥工食，且又通同吏胥，夤缘为奸，诸凡卖富差贫，改移定限，兼之飞差四出，虚增卯酉"。③ 居民私自雇用承役的人，并非安分守己的百姓，反而伙同不法胥吏，将总甲之役作为投机牟利的手段。因此，虽然私雇避免了亲身应役，但正身总甲仍然不免牵连受害，并不能解决根本性的问题。常常出现的情况是："每遇路有僵骸、家有病故，则私雇总甲与司役等视为奇货，辄比而串，引无赖于各衙门代告人命状词，仍拘正身总甲出官用钱。盖正身总甲与僵尸所值排门荡析破产，无可控诉。"④ 事实上，私雇总甲得以诬陷、牵连正身总甲的关键原因，在于私雇总甲没有得到官方的承认，故而没有承担责任的义务。

因此，南京居民也希望仿照其他城市的做法，官雇总甲。万历十三年

---

① 《明世宗实录》卷六十，"嘉靖五年正月辛丑"条。

② 详见（日）夫马进《晚明杭州的城市改革与民变》，载（美）林达·约翰逊主编《帝国晚期的江南城市》，成一农译，上海人民出版社2005年版，第6096页。

③ 《遗集》卷二《征钱雇募总甲以苏军民重困疏》，《四库禁毁书丛刊》集部第44册，第46页。

④ 《遗集》卷七《与叶台山阁下》，《四库禁毁书丛刊》集部第44册，第248页。

（1585）时，南京城居民张文学等人，向当时在任的都御史海瑞呈请举行类似于其他城市的征钱雇募之法：居民纳钱于政府，由官方出面雇募总甲服役，一切责任也由受雇之人承担，居民不须再担心受牵连。海瑞则计划模仿在乡村社会推行的条编之法，"征钱于民，召募于官"，从而达到"有排门之用，无勾稽扰载"的两便效果。为此，海瑞还编定了一份《简可照繁册》，册子中重新厘清了南京城各人户中应当优免的房号，避免城中官绅豪户通过影射、飞洒逃避征役，使官民不相扰，力图实现"以区画而节疏之，无敢恍占，无或偏累"。这一次的造册，"五城滥差，半从汰免"，但整体的总甲官雇变革并没有得到朝廷的允准。① 南京城居民因总甲差役所受到的拖累日甚一日，饱尝煎熬。不久之后，总甲雇募的要求再一次被反映到朝廷上，终于有了切实的回应，朝廷命南京都察院及五城兵马司切实查审众情，"如果召募可行，人心共愿，则将征收优免，及一切应行事宜议处停当具题"。

丁宾刚上任右佥都御史便接手了此事。但丁宾十分谨慎，认为"事干通都，未可轻举"，因此事情又拖延了下来。接着万历三十五年（1607）、三十六年（1608）、三十七年（1609），南京城的各阶层进行了多次请愿，"除各缙绅屡次具揭请行雇募外，其五城居民又屡次连名累牍诉告"，泣下直言："雇募之事问之富人则富人愿做，问之贫人则贫人愿做，通都大小军民人等无不称便，何不举行？"

令丁宾如此犹豫的一个重要原因是，他认为"外府州县举行条编尚有田地、山塘、男丁女口册籍可查"，但南京城市不同于乡村，并没有记载城内几十万人户详细贫富状况的文册，② 这使得征钱没有可供操作的实际依据。在给内侄的一封信中，丁宾表达了既想推行条编，又苦于南京城地广人众、难以摸底调查的内心矛盾："今拟将地方排门差使照一条编例，改为雇募总甲。然幅员既广，户口实繁，且欲遍采民情以求至当经久之谋，

---

① （明）焦竑《排门条编便民册序》，载（明）施沛《南京都察院志》卷三十六《艺文志》，《四库全书存目丛书补编》第74册，第356页。

② 《遗集》卷二《征钱雇募总甲以苏军民重困疏》，《四库禁毁书丛刊》集部第44册，第47页。

就绪殊为费手耳。"①

南京城居民刘鸣晓、李自新和康恩等人，遂提出了解决办法：往年各户私雇总甲时，各有出钱的数目，可以以此作为官方征钱的依据。不几日，他们便将此前一年，即万历三十六年（1608）"各城各铺大小贫富人家各出钱数"汇编成册，共千余本，名为《五城铺册》，分别送到了丁宾和五城御史曾陈易、蒋贵、傅宗皋、王霖、王万祚面前。五城御史对于官雇总甲也持肯定的态度，建议丁宾"亟为俯从"。

丁宾依然很谨慎，分批逐一验证《五城铺册》内容的真实性和准确性。丁宾命"每铺点出公正人役，并贫人、富人共三四人"，按照约定的时间集聚在都察院内，在丁宾的监督下，稽查铺册内人户的基本情况，如有无房屋、门面的隐漏，有多少优免的人数，以及万历三十六年（1608）出钱四雇的数额与铺册所载是否一致。根据铺册所提供的人户资产信息，以及海瑞留下的《简可造繁册》，丁宾模仿"间架税"的形式，确定了"三等九则"之法的征派规范。

实际推行之前，丁宾将铺册审查的情况和所制定的规范，发往五城御史处。同时晓谕百姓："民间所递铺册，本院虽已面审一番，仍恐中间尚有未尽事宜，复令五城御史在于会同馆复审，你们大小百姓如有不愿纳者，许到会同馆当官告明本院，即为俯从免派役钱。"待五城御史在会同馆中复查完毕，丁宾再次召集城中上千百姓与大小九卿六科官吏，为改革做最后的征询和造势：

> 惟时，九卿及科臣亲问：纳钱雇募之法便民与否？乃合口称便。又将百姓之中最贫者直令上前，问其：纳钱雇募便民与否？亦合口称便。诸臣又各各细问：尔等穷人原无身家之累，何必要行雇募？又回云：身等虽无重大家私，平素亦在排门之列，未免轮当正身总甲，与富家一同受累，且身等受累之日，光身到官，即已无钱使用，

---

① 《遗集》卷八《与吴迩斋内侄》，《四库禁毁书丛刊》集部第44册，第270页。

而妻儿在家饭食缺少，又无人照管，其情更苦，以故情愿额定纳钱，用图安静。

　　将总甲的亲身劳役从制度上全部改为征钱，对于有一定家产的人户不是负担，但对"最贫者"而言，额外多出一份役钱，也许是比亲身承役更大的负担。但是从百姓的反馈来看，即使是贫穷之人，也宁愿纳钱雇募，因为除了承役时沉重的需索和支使外，还剥夺了贫苦人家的男性劳动力自我谋生的时间。为尽可能保证贫穷无力者的生活，丁宾安排御史们亲自到贫穷孤寡者家中，仔细查访，落实情况后从宽派钱。

　　最终，南京五城的征收范围包括"实在当差房三万八千零九十间，当差披房二百零四披"，每年所征钱额"不计闰，实征钱八百九十万五千九百八十五文"①。万历三十七年（1609）五月初一，第一次施行总甲纳钱之法，非常顺利，"小民各遵日期，各照由票，踊跃争先，纳钱如市，绝无拖欠"。经历了当年夏、秋两次的试行后，丁宾写了一份很长的奏疏，详细描述了南京城总甲改革的原因、过程、内容和成效，终获允准，永久执行。②

　　从时间上看，南京城总甲的雇役化改革，落后于江南的其他城市，如杭州城、苏州城、嘉兴府嘉兴县、常州府武进县等。③万历十四年（1586）海瑞在任时曾有一次改革的契机，可惜未能真正实现，直至万历三十七年（1609）时，才最终由丁宾完成。晚明南京诸生周晖评价其为"革弊苏民至计"④。顾炎武在《天下郡国利病书》中也说，丁宾以"三等九则征钱，官

---

① （明）施沛《南京都察院志》卷二十《职掌十三·五城房差等项开后》，《四库全书存目丛书补编》第 73 册，第 568 页。
② 《遗集》卷二《征钱雇募总甲以苏军民重困疏》，《四库禁毁书丛刊》集部第 44 册，第 47—50 页。（明）施沛《南京都察院志》卷二十《职掌十三·五城房差等项开后》，《四库全书存目丛书补编》第 73 册，第 568 页。
③ 详见（日）夫马进《晚明杭州的城市改革与民变》，载（美）林达·约翰逊主编《帝国晚期的江南城市》，成一农译，上海人民出版社 2005 年版，第 60—96 页。
④ （明）周晖《二续金陵琐事》上卷《火甲条编疏》，张增泰点校，南京出版社 2007 年版，第 311 页。

行雇役总甲火夫，何其简便"。[①] 焦竑更是据此将丁宾与海瑞相提并论，不惜笔墨地赞赏丁宾对南京的贡献："夫赋役之条编，创于海公；而排门之条，编定自今日。殆天笃生此两公以造福于留京，非偶然也。……得常如公者，提衡其中，讥防而惩艾之，何敝之足虞！"[②]

还值得一提的是，在火甲改革中，丁宾摒弃了户籍限制，将南京五城内所有的军民门铺统一编号（从"天"字到"吉"字共 669 铺），覆盖门户达67016 户，大大增加了城市行政管理的覆盖面积。[③] 另一方面，对每铺房号钱的征收，意味着国家对城市中徭役承担者的征收重点集中到了房屋上，使得流入南京城的人通过房屋的买卖，自动承担起徭役的负担。[④]

在整个改革过程中，丁宾显得非常之谨慎，最初的三四年时间，似乎并未打算真正介入此事。制定改革举措时，丁宾连同五城御史和兵马司反反复复地征询、核查。改革试行之后，更是撰写了一份很长的奏疏，详细记载了雇役改革的前因后果，以及自己在其中的慎重之行，多次强调南京城中从缙绅官户到普通百姓均屡屡请愿改革的心意。

从丁宾的表达来看，似乎想将改革的动力和迫切性归咎于"五城居民"的"逼迫"。的确，这种城市居民集体行动的效率和民意领袖的号召力，以及国家行政机构与民间社会之间的有效沟通，都让人印象深刻。[⑤] 相似的改革在杭州、苏州等城市也进行过，但唯有南京因为丁宾而留下了如此详尽的

---

① （明）顾炎武《天下郡国利病书》第八册《江宁庐安》"火甲"条，上海涵芬楼景印昆山图书馆藏稿本，《续修四库全书》史部地理类第 596 册，上海古籍出版社 2002 年版，第 67 页。

② （明）焦竑《排门条编便民册序》，（明）施沛《南京都察院志》卷三十六《艺文志》，《四库全书存目丛书补编》第 74 册，第 357 页。

③ （明）施沛《南京都察院志》卷二十《职掌十三·五城见报房数、优免数、钱数》，《四库全书存目丛书补编》第 73 册，第 568 页；亦可参考罗晓翔《明代南京的坊厢与字铺——地方行政与城市社会》，《中国社会经济史研究》2008 年第 4 期。

④ 参见（日）夫马进《明代南京的都市行政》，载（日）中村贤二郎编《前近代における都市と社会層》，京都大学人文科学研究所 1980 年版，第 296 页。

⑤ 罗晓翔《明代南京的坊厢与字铺——地方行政与城市社会》，《中国社会经济史研究》2008 年第 4 期。

原委介绍。

根据丁宾这份详细的奏疏，以及他与内阁首辅叶向高和都察院左副都御史许弘纲的通信，[①]总甲的雇役化改革中，并没有明显的阻碍群体或阶层，缙绅官户与普通百姓在这件事情上的利益基本一致。此前总甲被随意支使，以及私雇总甲牵连正身的情况，对承役的官、民户造成的困扰是相同的。丁宾的陈述中，也多使用"通都大小军民""同城大小贫富人家"这类没有阶层区分的字眼。

事实上，丁宾主持下的改革，确实得到了地方士绅的支持，尤其以姚履素、姚履旋兄弟为代表。姚氏是南京城中的望族。履素、履旋的祖父姚淛曾任大鸿胪官，在城中建有"市隐园"，邀诸士名流吟咏其间，是著名的精英会聚的社交场所。履素，乃万历十九年（1591）举人，二十九年（1601）进士，做过刑部主事、广东副使等职。履旋科考不顺，历扬州的小官，后晋升为巴东县令，其子姚庥考中天启元年（1621）乡试。[②]丁宾曾延请姚履旋到私署做自己两个儿子的老师。有关南京地方的诸多事务，丁宾也常在家中征询姚履旋的意见。[③]总甲改革中，姚氏兄弟二人给予丁宾很大的支持，成为士绅中的倡议者。万历四十年（1612），姚履素升转广东副使兼督学政。为姚履素送行的信笺中，丁宾首先便表达了对姚氏兄弟的感谢："仰赖贤伯仲矢心协志，捐去一身一家之谋，以加惠大众为念，以故义声所倡，遂令人无异同。二百年旷举不致隳于作舍，凡皆大雅赞襄之力也。"[④]

3. 民生

铺户和总甲两项重要劳役之外，丁宾在其他民生救护方面也多有贡献。

① 《遗集》卷七《与叶台山阁下》，《与许少微副院》，《四库禁毁书丛刊》集部第44册，第248—249页。

② 罗晓翔《明中后期南京士绅家族的社会形态》，《江南社会历史评论》第2期，商务印书馆2010年版。

③ （明）顾起元《雪堂随笔》卷三《明文林郎湖广荆州府归州巴东县知县允吉姚公暨原配邢孺人合葬墓志铭》，明天启七年（1627）刻本，《四库禁毁书丛刊》集部第80册，北京出版社1997年版，第290页。

④ 《遗集》卷七《候姚允初观察》，《四库禁毁书丛刊》集部第44册，第246页。

据载，丁宾曾"每五日一评薪米之价，市侩不得辄擅低昂。榻前特设一柝，语门卒曰：遇有以便宜告者，许非时得闻。外每传鼓，榻前即击柝应之，虽熟睡时不禁"。[①] 其尽心民事的情状可见一斑。

明代设有军户籍，卫所官军年老病故时，军户需再出一丁袭替。袭替之时，经过在地方的堪明身份和初步的比试考察后，袭替的人需要亲赴北京，等候兵部的一系列程序。首先"查对先年贴黄、功次、来历"，按军户类别集中于中军都督府。接着，还需再等候由钦差、内官、五府锦衣卫和给事中等官员支持的武功比试、开列等第。最后，再由兵部将一应情况题奏，报准后才能返回卫所任职。

南京虽然是"留都"，但军户袭替也要亲赴北京。从南到北，往返路费需要自己筹措，在北京等候听选的日子，常常耽搁数月之久，其间的生活也需要自己解决。合算下来，袭替一场，所费甚多。许多军户家贫，为完成袭替的任务，"或指俸米而揭借，或向亲友而哀求，或卖房屋以充费，或鬻儿女以营资，万苦千辛"。到了北京等候审批的过程中亦难免衣食无着、饥寒无救，甚至发生过多起袭替人丁还未到北京便身故，或者死于北京的情况。在这种情况下，有些军户为保命，干脆拖延躲避，不去袭替。

万历四十三年（1615），丁宾任南京工部尚书，同时署兵部事。眼见南京卫所军户袭替之艰，题奏"南京原不同于外卫，南北事属一体"，请求南京军户可以在留都完成袭替程序：

> 以后南京袭替舍人，具告通状到部，听本司研审明白，仍复查勘，考与贴黄、功次、来历相同，果无违碍，照依北部事例，会同内守备、同五府锦衣卫、给事中等官比试，备将对比过缘由及应否承袭情节，照例具奏。仍将取具卫所官吏人等保给各舍供图，及各祖、父原领号纸，移咨兵部查选，候命下之日，该部移咨给凭，前来遵照选过

---

① 乾隆《江南通志》卷一百九十五《杂类志》，《景印文渊阁四库全书》史部地理类第512册，台湾商务印书馆1986年版，第719页。

员数，行令各舍授职，望阙谢恩，免其赴京。其中若有应查、应驳者，
听兵部照例查驳。①

丁宾的奏请，得到朝廷的认可。从此，南京卫所军户不需要再承受赴北
京承袭的艰苦，极大地缓解了袭替军户的生活压力。②

社会福利方面，南京城中原设有救济贫丐的"三饭堂"，在城中聚宝门、
淮清桥和江东门三处向贫民施粥。制度安排上，由司礼监的内官领取光禄寺
的存米，到三饭堂中煮饭，再分发给贫民。天长日久，司礼监内官将其视为
肥差，侵吞用以煮饭的粮米，导致三饭堂赈济徒有虚名。兵马司官员周署正
十分不满，联合内守备刘姓官员，到三饭堂中，强行更改为每月只发米一次。
此举引发司礼监内官们的不满。周署正对内官侵渔早已厌恶，遂一不做二不
休，打算将由内官负责征收的工部柴价银、应天府脚价银与掌管三饭堂的权
力一并革除。

周署正的这一激烈举措最终激发了矛盾，内官与周署正在三饭堂中恶语
相加，还差一点动手互殴。事情传得沸沸扬扬。当时，丁宾刚上任南京光禄
寺丞不久，遂联合南京吏部右侍郎李廷机，重辟三饭堂正厅，建仓储米。丁
宾与李廷机重新制定三饭堂的济贫操作规则，规定每月领取粮米时，由一名
光禄寺属官、一名兵马司指挥和一名司礼监内官同时在场，互相监督。在三
饭堂中煮饭散米的数量，列入光禄寺属官和兵马司指挥考满的政绩。新的规
则减少了内官中饱私囊的机会，内官自然不满意。丁、李二人遂向内官言明，
若再侵吞饭堂粮米，便将奏请革除内官征收工部柴价银和应天府脚价银的资
格，最终迫使内官作罢。救济贫民的三饭堂制度终于恢复正常。③

---

① 《遗集》卷三《留都武弁穷极堪怜乞赐议处袭替疏》，《四库禁毁书丛刊》集部第44册，
   第93—95页。
② 《明神宗实录》卷五百二十九，"万历四十三年二月甲申"条。
③ （明）李廷机《李文节集·仕迹》，第693页。《遗集》卷八《复李九我阁下》，《四库
   禁毁书丛刊》集部第44册，第274页。

江防与对外交通

地处长江天险的南京，江防任务一向严峻。从明初到嘉靖中叶，长江的江防体制逐渐成形确立。江防范围上起九江府，下至南直隶的圌山、三江口。这一段长江流域涯涘无际，汊港纵横，从渔徒、盐户到巨盗不断出没其间，官府很难清剿。① 明朝政府在留都南京以及长江下游各地，设有操江都御史、操江武臣、巡江御史、兵备副使、江防同知、巡检、卫所长官等，营建起江防事务的共同责任网，由操江都御史负责统筹调度。②

丁宾自万历三十四年至四十年（1606—1612）担任南京都察院右佥都御史提督操江，兼管巡江。丁宾深悉江防的重要性，常反复提及其任务的艰巨性。他曾说"江防沿江一千五百余里之地，乃留都根本所系，萦络吴会，上通楚蜀，下通大海，奸宄易生，风波难测"③，故而将江防事务看作都御史职务中最重要的内容。他首次将南京都察院所有职官的职守总结归纳为宪纲、官评、官守、约束、巡务、按临六款，使得各职官职守更加明确、清晰，④便于"核营伍之虚冒，严信地之守卫，惩骄悍、杜钻求"，⑤ 以此着力保障江防安全。

早在成化八年（1472）时，提督操江增加了一项巡视江道的任务，⑥ 即操江专督巡江，其下有游兵营驻扎新江口，自狼山至圌山，与通州（南通）、泰州合兵巡哨。⑦ 其时江防松弛，官吏多有懈怠。但在丁宾任职期间，其常

---

① （清）姜宸英《江防总论》，《丛书集成初编》第3229册，中华书局1991年版，第1页。

② 参见林为楷《明代的江防体制——长江水域防卫的建构与备御》，"明史研究丛刊"之七，台北 明史研究小组2003年刊行本。

③ 《遗集》卷一《留都总宪久缺乞赐点补疏》，《四库禁毁书丛刊》集部第44册，第20页。

④ （明）施沛《南京都察院志》卷十三《职掌六·留台总约》，《四库全书存目丛书补编》第73册，第380页。

⑤ 《遗集》卷八《复姜养冲户部》，《四库禁毁书丛刊》集部第44册，第268页。

⑥ （明）施沛《南京都察院志》卷九《职掌二·操江职掌一》"成化八年二月饬谕"，《四库全书存目丛书补编》第73册，第230页。

⑦ 嘉庆《新修江宁府志》卷十七《武备》，光绪六年（1880）刊本，第2页a。

常带领将校属下往来江道巡视，监督沿江各项事宜，可谓尽职尽责。①

由于万历皇帝的怠政，缺官长年不补，丁宾所在的南京都察院也不例外。原额三十人的御史，在万历三十五年（1607）时，仅有两人在任②，至万历三十六年时甚至仅有一名御史。③南京都察院的正职右都御史也长期缺人，以至于丁宾不得不兼理右都御史的职务，有时被迫将巡江的任务交给下属执行。这让丁宾很不安心。他上书万历帝表达了这种担心："长江形势料理机宜，耳之所闻不如目之所见，臣不亲巡，万一上下习玩，以致疏虞奸盗，卒然窃发，责将谁诿，此臣之所大惧也。"④除了考虑到缺官妨碍江防安全，丁宾还从地方稳定的角度出发，三番两次上书请求尽快点补都察院缺官，称南京"留都重地，补官要务，时势不容少"；长江防务以及灾年动乱时更不可一人兼任多职，长江一带延袤一千五百余里之地，所谓"辽阔险阻，事机隐伏"，兼之灾荒时期穷民较多，易生变乱，很需要官员们身履其地，以作严防。⑤为此，丁宾曾拜托巡按御史王国祯留意既有贤能，又有长期任地方官经验的县令，以为补官准备合适的人选。⑥在万历三十六年（1608）大水灾时，丁宾担心沿江一带受灾地区的"奸徒乘机窃发"，而江洋盗贼以及相应词讼等事务大多需要应天府和都察院来处理，因此写信给首辅叶向高和当时的吏部侍郎杨时乔，特别建议给应天府补官时，要多选择一些科甲出身的人，而非武将恩荫子弟，以便更好地处理可能发生的江防案件；同时请求杨时乔多多关照应天府。⑦

---

① 《明史》卷二百二十一《丁宾列传》，第 5829 页。
② 《遗集》卷一《留都缺人乞赐改补行取疏》，《四库禁毁书丛刊》集部第 44 册，第 21—22 页。
③ 《遗集》卷一《水患乞点补台臣疏》，《四库禁毁书丛刊》集部第 44 册，第 35 页。
④ 《遗集》卷一《留都总宪久缺乞赐点补疏》，《四库禁毁书丛刊》集部第 44 册，第 21 页。
⑤ 《遗集》卷一《留都缺人乞赐改补行取疏》，《四库禁毁书丛刊》集部第 44 册，第 22 页。
⑥ 《遗集》卷七《与王麟郊按院》，《四库禁毁书丛刊》集部第 44 册，第 244 页。
⑦ 《遗集》卷八《与杨止庵少宰》，《四库禁毁书丛刊》集部第 44 册，第 273 页。（明）叶向高《苍霞续草》卷十八《答丁敬宇》，明万历刻本，《四库禁毁书丛刊》集部第 125 册，北京出版社 1997 年版，第 290 页。

长江作为南方地区最重要的水路交通航线，其航运状况与江防同样重要。丁宾也十分关注辖区内的长江航道，努力保障其畅通与安全。

长江沿线渡口众多，渡船往往因为长时间停棹江中，常会横遭勒索，所以"任风涛狂拜，亦所不避"，一味前行，常常发生舟覆人溺的悲剧。[①] 时在北京任春坊官的朱国祯，曾就此事给丁宾写信，并提出了初步的解决方案。[②] 丁宾十分赞同朱国祯的建议，于是借鉴南京地区直江口（中新河）和浦口观音门处收取渡钱，以及京口、瓜洲之间设立渡子官的方式，在当涂至九江的沿江各渡口，一方面设定渡钱金额，以防止勒索，另一方面置渡子官阻止船户冒风浪渡江。[③] 在丁宾看来，这样既可以保障水路商旅的安全，又可用所征渡钱为当地在"壮城垣而御暴客"提供资金，[④] 可谓一举两得。

在长江的安庆府航段，河道比较曲折，洲滩众多。丁宾特意督促安庆知府每年定期清理淤塞，使船只能够进港躲避风浪、礁石，同时可为船只提供夜晚停泊之地，免去"泊后飘风之厄"。[⑤] 为了使清淤工作按时完成，丁宾以自己疏浚南京城支沟的亲身经历勉励安庆知府，称自己此前"每日将政事刻期早完，务使行有余力，得以偏至其处，与父老等详细讲明曲折，随令即时便兴畚锸，今幸业有成验矣"，还强调亲临现场了解民情、鼓舞士气的重要性说："非处处亲履，不能尽得肯綮，而调停未到，恐民情难与虑。始非实时起工开浚，则江潮旦夕且至，而今春无以告成。非我辈寡欲养身，专心致志，包荒忍耐，继日待旦，又无以率作群僚，而鼓舞众庶也。"丁宾要求安庆知府也应该"亲举玉趾，细问民情端的"，并立刻下令动工疏浚，保证在江潮初犯时竣工。[⑥]

---

① （明）施沛《南京都察院志》卷九《职掌二·操江职掌一》"巡约十八则·论江渡"，《四库全书存目丛书补编》第73册，第243页。

② 《遗集》卷八《复朱平涵宫谕》，《四库禁毁书丛刊》集部第44册，第288页。

③ （明）施沛《南京都察院志》卷九《职掌二·操江职掌一》"巡约十八则·论江渡"，《四库全书存目丛书补编》第73册，第243页。

④ 《遗集》卷八《复朱平涵宫谕》，《四库禁毁书丛刊》集部第44册，第288页。

⑤ 《遗集》卷八《与安庆赵郡守》，《四库禁毁书丛刊》集部第44册，第269页。

⑥ 《遗集》卷八《与安庆赵郡守·又》，《四库禁毁书丛刊》集部第44册，第269页。

南京城内，丁宾组织过一次大规模疏浚河道的工程。从万历四十三年（1615）十月到第二年四月，共计疏浚河道情况如下：

> 大支河，自陡门桥河口起、过红土桥、干道桥、北河口止，又自淮清桥河口起，过四象桥、内桥、会同桥、笪桥、鼎新桥、仓巷桥、望仙桥、张公桥、铁窗棂止，共计丈量长一千零三十六丈六尺五寸。

> 小支河，自柏川桥河口起、过乌蛮桥、会同馆前桥、白虎桥、长安门止，又自珍珠桥、进水闸、红板桥、土桥、浴贤池止，又自莲花桥河口起，至严家桥、大石桥、西仓桥，直抵新建桥十庙止，共计量丈长一千一百七十五丈。

> 正河，自三山门篾渡桥起，进西水关，过下浮桥、上浮桥、新桥、镇淮桥、武定桥、文德桥、东水关、大中桥、复成桥、玄津桥、竺桥、珍珠桥、新浮桥、通贤桥、北门桥止，其计量丈长二千三百四十五丈二尺。

> 以上正支河道，通共量长四千五百四十六丈八尺五寸。[①]

陆上交通方面，南京对外联系有一条重要的通道，即起丹阳，经丹徒、句容，至上元县的驿路。这条干道北可直通北京，南可到达浙江、福建，是江南陆路交通的一条要道。[②] 根据隆庆年间的《一统路程图记》记载，这条道路虽然平缓宽阔，轿、马均可通行，但是一遇大雨，即道路泥烂，沟多难行。[③] 丁宾于是联合丹阳、丹徒、句容、上元四县县令，"自差官役、捐舍财物"，将两百多公里的道路全部用砖石铺就，并于道路两旁种植榆树、柳树[④]，解决了雨天道路泥泞不可行的问题，使来往商旅从此"如游乐郊、

---

① 《遗集》卷四《报完开浚河道疏》，《四库禁毁书丛刊》集部第 44 册，第 117—118 页。
② （明）黄汴《一统路程图记》卷一《北京至十三省水、陆路》，杨正泰点校，载杨氏撰《明代驿站考》附一，上海古籍出版社 1994 年版，第 145 页。
③ （明）黄汴《一统路程图记》卷八《江南陆路》，第 222 页。
④ 《遗集》卷八《与丹阳丹徒句容上元四邑令》，《四库禁毁书丛刊》集部第 44 册，第 304 页。

如登坦途"。① 十几年后,道路因车马频繁踩踏有所损坏。此时已经致仕在家的丁宾,听说之后还特意写信给四县县令,希望他们能够将道路重加整顿、补种树木,以永久方便往来之人。②

丁宾联合官场上的同僚们对长江江防的治理和对水陆交通的整治,不仅守卫了留都的安全,还是保障南京对外联系畅通的必要措施。

灾变与社会控制

江南一带虽属明王朝最富庶的地区,但各种灾情、变乱仍时有发生。③丁宾任职南京期间发生的较大社会危机,当数万历三十六年(1608)的水灾和三十九年(1611)的城市骚乱。下面即从这两方面分析丁宾应对社会危机的若干举措。

1. 江南大水灾

万历年间的江南,水灾屡发。丁宾上疏申灾、安排堪灾、稳定物价、维护治安、救护灾民,还与周围地区的士绅通力合作,"日夕深念,寝食靡遑"④,给时人留下了非常好的印象。

以万历三十六年(1608)江南地区的大水灾为例⑤,周孔教记载当时的灾情道:从当年的三月到五月,江南地区"淫雨为灾,昼夜不歇,翻盆倒峡,泳地稽天,高埠之地,已见飞墙,低洼之区,更如航海。墙垣倾圮,庐室漂流,

---

① (明)沈国元《两朝从信录》卷二十八"加原任南京工部尚书丁宾太子太保赐荫建坊襄其好义施仁也"条,明末刻本,《四库禁毁书丛刊》史部第30册,第574页。

② 《遗集》卷八《与丹阳丹徒句容上元四邑令》,《四库禁毁书丛刊》集部第44册,第304页。

③ 可参见(日)川胜守《明代长江デルタ社会と荒政》,《東アジア史における國家と農民:西嶋定生博士還曆記念》,山川出版社1984年版(后收入氏著《明清江南農業経済史研究》第四章,东京大学出版会1992年版);陈秋安《明末江南地区的灾荒与救济活动》,台湾暨南国际大学硕士学位论文,2008年。

④ 《遗集》卷八《复陈濂江大参》,《四库禁毁书丛刊》集部第44册,第275页。

⑤ 有关这方面的个案考察,详参冯贤亮《万历年间江南的大水灾与社会反应》,《明代研究》(台北),第16期,2011年。

万井无烟，千里若扫"。如此大水之下，收成毫无希望，因为"插莳之时已熟之麦，尽付洪波，而方芽之秧，俱成腐草"，而水灾过后，时令"已绝春花之望，即日更无秋成之期"。^① 从这些描述中可以想见当年灾情之重。

时值乡居在南浔镇的著名绅士朱国祯提出建议：通过与淮北、三楚和河南等地通籴的措施来解决灾区的粮食问题。他写信给丁宾，请丁宾与浙江巡抚甘士价、应天巡抚周孔教等人通力合作，共同赈灾。具体来说，即希望丁宾借助右金都御史兼提督操江的职务，一方面确保航道水运的通畅，另一方面打击闭籴、强籴的行为，使周围地区的粮食能够顺利进入江南灾区救急："势穷理极，别无他计，除请蠲请赈外，唯有通籴一节宜汲汲讲求。通籴在池、太、江南者十之二、在淮北、三楚、河南者十之八九。老先生宜约省直甘、周二中丞及郡邑长，通同商量，齐心合力，勿分彼我，生异同。老先生只主疏通江路，防护米船。……仍须提请凡路途邀截米船及民间闭籴、强籴者，处以极刑。……布告临近军门同患相恤，不可遏籴。"^②

丁宾同样有联合救灾的想法，在给陈濂江参政和临江知府的信中，就表达了"共拯此一方民哉"的意愿。^③ 因此接到朱国祯的信后，丁宾即表示将积极配合，保证航路无阻，使通籴顺利进行："应天、浙江二抚台所差官，及富民之往江西湖广等处贩米船只，不肖皆当一体相视，沿路疏通，不令少有拦阻稽误也。至如劝大户宽利小民贩籴诸一切便民权宜，苟有可效，其区区不敢有爱顾惭，餂伎易穷，所赖合志同心…… 二船入淮者，谨如命舣江浒以待。"^④ 丁宾还派遣得力下属到周围地区负责通籴。凡有不配合的地区，

---

① （明）周孔教《周中丞疏稿·江南疏稿》卷二《江南水患异常隐忧叵测恳乞大赐蠲赈疏》，明万历刻本，《四库全书存目丛书》史部第 64 册，第 244 页。

② （明）朱国祯《朱文肃公集》第八册《救荒略》"启丁敬宇操院"，清抄本，《续修四库全书》集部别集类第 1366 册，第 320—321 页。

③ 《遗集》卷七《复临江任郡守》，《四库禁毁书丛刊》集部第 44 册，第 235 页。《遗集》卷八《复陈濂江大参》，《四库禁毁书丛刊》集部第 44 册，第 275 页。

④ 《遗集》卷八《复朱平涵司成》，《四库禁毁书丛刊》集部第 44 册，第 276 页。

丁宾即移文地方官员进行疏通。①

因南京周边屯田差官缺员，无人主持屯田救灾工作。丁宾根据各卫所的上报，了解到屯田军民多有伤亡，房屋一概淹没，损失惨重。为了能尽快处理灾情，丁宾作为都察院官员一方面根据各县卫所申报的屯田灾情安排踏勘，一方面代替缺员的屯田差官及时上疏，陈述事态的严峻："军民房屋一概淹没，田舍尽为江河，老幼皆为鱼鳖，间有少壮人丁缘木攀树望舟救活，在外求生溺水淹死无数。"既而请求朝廷减免应缴岁额，以维护屯田的秩序和稳定。②

在南京城内，丁宾一方面极力抑制物价高涨，另一方面则发帑金救助灾民，甚至不惜自出家私。③周晖回忆当时南京城的灾情和丁宾竭力赈灾的情景道："戊申年大水，城中可以撑舟，一时柴米涌贵。幸操院丁公祖定画一之令，令五城兵马晓谕巡视，不许高价。病民差官，外府买米，官卖必窦人，三升、五升、一斗、二斗方卖。又亲出稽查，散饼给钱，以济老稚辈，此又私家之财也。遭水患者全活甚众。"④后来，清人徐开任也有相似的记载："戊申，江南北皆大祲，公在留台，疏请赈发官锅转输，复委官弁出家廪无筭。"⑤《明史》更称丁宾"官南都三十年，持身清简，加意贫民，每遇旱潦，辄请赈贷，时出家财佐之"。⑥伴随自然灾害而来的，往往是社会的动乱。丁宾特意关照南京各官员多加赈恤，防微杜渐，避免百姓流亡为盗。⑦

丁宾积极救灾的行为得到了很高的评价。周晖赞道："仁人之政，其

---

① （明）陈继儒《白石樵真稿》卷四《都御史丁公去思碑记》，明崇祯刻本，《四库禁毁书丛刊》集部第 66 册，第 74 页。
② 《遗集》卷一《查照部咨代请屯灾疏》，《四库禁毁书丛刊》集部第 44 册，第 37—38 页。
③ （明）陈继儒《白石樵真稿》卷四《都御史丁公去思碑记》，《四库禁毁书丛刊》集部第 66 册，第 74 页。
④ （明）周晖《二续金陵琐事》上卷《定柴米价》，第 322—323 页。
⑤ （清）徐开任《明名臣言行录》卷七十一《尚书丁清惠公宾》，台北"中研院"历史语言研究所藏，《明代传记丛刊·名人类 19》第 53 册，台湾明文书局 1991 年版，第 770 页。
⑥ 《明史》卷二百二十一《丁宾列传》，第 5829 页。
⑦ 《遗集》卷八《与三阁下》，《四库禁毁书丛刊》集部第 44 册，第 276 页。

利普哉！"① 朱国祯对丁宾主持救灾的工作十分满意，称其在朝廷与地方之间斡旋十分不易，"老先生加意国脉，公则抗疏，暗则贻书为民立命，杜乱消萌"，赞扬他"独立留京，南北公论咸藉主张，其于世道人心不啻万钧之重"。② 叶向高也颇为欣慰地说："留都年来灾沴，仰借福星获有宁宇，为德无量。"③

2. 城市骚乱

除自然灾变外，人为动乱也是丁宾行政工作面临的主要挑战。

在明朝经济生活中，铜钱私铸一直是个很大的问题。铜钱在明代的货币体制中，占有重要的地位，无论是王朝前期以宝钞为主币，还是后期以白银为主币，铜钱多以辅币的身份在流通。据统计，明朝帝王铸造铜钱共十一种，分别是大中通宝、洪武通宝、永乐通宝、宣德通宝、弘治通宝、嘉靖通宝、隆庆通宝、万历通宝、泰昌通宝、天启通宝和崇祯通宝。其中在南京铸造的是洪武、宣德、弘治、嘉靖四种通宝。④

在铜钱的铸造中，各类金属的比例一般为：铜占60%—70%，倭钱（水锡）占30%—40%。具体到各地铸造局的实际操作中，比例多有起伏。明朝北京宝源局所铸的黄钱与广东高州炉青钱质量最好，掷地会"作金声"，一文的价值可以抵南直隶所铸的铜钱两文。民间私铸则更加混乱。私铸者大量掺入便宜的铅矿，铜、铅比例甚至达到1:1，这种质量低劣的铜钱，掷于石头上"声如木石"。⑤

铜钱私铸会扰乱货币秩序，《大明律》中对私铸的惩处力度很大：

---

① （明）周晖《二续金陵琐事》上卷《定柴米价》，第323页。

② （明）朱国祯《朱文肃公集》第八册《救荒略》"再启丁敬宇操院"，《续修四库全书》集部第1366册，第321页。

③ （明）叶向高《苍霞续草》卷十八《答丁敬宇》，《四库禁毁书丛刊》集部第125册，第290页。

④ （明）顾起元《客座赘语》卷四《铸钱》，第108页。

⑤ （明）宋应星《天工开物》中卷《冶铸·钱》，明崇祯十一年（1638）刻本，《续修四库全书》子部第1115册，上海古籍出版社2002年版，第77—78页。

> 凡私铸铜钱者，绞。匠人同罪。为从及知情买使者，各减一等。告捕者，官给赏银五十两。里长知而不首者，杖一百；不知者，不坐。若将时用铜钱剪错薄小，取铜以求利者，杖一百。[①]

但是铜钱私铸的情况，一直没有得到有效的遏制。

在南京，正德、嘉靖之后，私铸之风大盛。一方面由于官方制钱量不足，当时民间被迫用起古钱："正、嘉中，民间用古钱，其后怪滥之极，至剪铁叶、锡片伪为之，后乃稍稍厌弃，而更用'开元通宝'钱。"[②] 另一方面，官方铸钱质量低下："其云南及宝源局先年纯用铜锡，不杂以铅，每文重一钱二分，又车旋其边，色黄质坚，民间曰旋边。后科臣建议革去车旋，止用铸剉二座，而工人复盗铜料，其边粗涩，曰一条棍。不异私铸，钱法遂壅。"[③]

万历三十九年（1611），南京城中发生了一场由铜钱私铸引发的市民骚乱。[④]

当年初，面对日益横行的私铸现象，南京福建道御史王万祚上疏请求重开官局铸钱，严惩私铸，[⑤] 但长时间候旨未下。当时的应天府知府陆长庚等待不及，遂与丁宾商议后，决定按照应天府的旧例先开局铸钱。[⑥] 统共铸钱五十炉，每炉三万。[⑦] 当年八月二十八日，官府即晓谕钱铺领兑官钱。因官钱推行过快，再加上因私钱得利的铺户故意抬高价格，还有私铸奸徒想暗中阻挠官法以遂己私等，由此引发了买卖双方的矛盾。

---

① 《大明律》卷二十四《私铸铜钱》，怀效锋点校，法律出版社 1999 年版，第 193—194 页。
② （明）顾起元《客座赘语》卷四《铸钱》，第 108 页。
③ （清）谈迁《枣林杂俎》智集《钱炉》，罗仲辉、胡明校点校，中华书局 2006 年，第 9 页。
④ 关于铜钱私铸情况及此次南京骚乱的个案分析，可参见黄阿明《万历三十九年留都铸钱事件与两京应对》，《苏州科技学院学报》2011 年第 5 期。这里主要围绕丁宾作考察。
⑤ （明）胡我琨《钱通》卷二，引万历年王万祚疏，《景印文渊阁四库全书》史部政书类第 662 册，台湾商务印书馆 1986 年版，第 394—399 页。
⑥ 《遗集》卷二《留都钱法大坏疏》，《四库禁毁书丛刊》集部第 44 册，第 60 页。
⑦ （明）胡我琨《钱通》卷二，引万历年张邦俊疏，第 393 页。

矛盾在九月初二达到顶峰："买者与卖者遂尔争嚷閧动，彼时道路经过及远近闻知皆来聚观，渐渐人众。"正在事件将要升级之时，陆长庚立刻传谕民众重申"官钱铸数未充，姑许从便交易"，试图平息骚乱。丁宾在拜会陆长庚的途中，恰好路过事发地点，再次晓谕民众："本府行钱禁约原有'不遽革私钱、听民择便'等语，你们自是愚蒙不悟，我今明白开示你们，毋再争竞其中。"此时，一般民众渐渐散去，只有一些市井无赖等人仍聚集不散，丁宾就下令城兵马司以拘捕问罪为恐吓，最终将骚乱平息。虽然地处淮桥单牌楼的个别油铺、磨坊和酒坊在骚乱中遭到抢夺，不过所幸整个事件得到及时的控制，并没有引发更大的变乱。①

但丁宾自觉对南京的这次骚乱负有主要责任，上疏详细汇报了整个事件的过程，恳请朝廷尽快出台治理私铸的措施，并检讨自己之前过于仁慈、姑息，认为骚乱的发生"虽由少铸官钱，实系臣禁戢不早，至于閧动"，主动要求将自己罢斥，"以为不能弹压地方者之戒"。②

在自责的同时，丁宾更加注重减轻事件的负面影响，维护社会的安定。当时流言四起，人心浮动，甚至京城中也议论纷纷。丁宾就分别向当朝的重臣如叶向高、许弘纲、孙丕扬，以及地方相关官员去信，向他们解释事件的经过，着意恳请他们澄清流言蜚语，避免人心浮动。③ 在给叶向高的信中，丁宾说："窃恐道路讹传，而又加之以好事之口，遂谓小民真有犯京兆之事，甚至因行钱一时增价，遂谓南京民俗尽浇，不亦冤乎。"④ 丁宾借助同僚们的力量，有效地澄清了传布到北京城的流言。最终，万历皇帝下旨令南京工、兵、户三部各出白银三万两，提督操江府出白银一万两，用此十万白银买铜募工，广铸官钱。⑤

---

① 《遗集》卷二《留都钱法大坏疏》，《四库禁毁书丛刊》集部第44册，第60页。

② 《遗集》卷二《留都钱法大坏疏》，《四库禁毁书丛刊》集部第44册，第61页。

③ 《遗集》卷八《与许少微副院》，《与孙立亭太宰》，《复华微新大参》，《与刘用斋司空》，《四库禁毁书丛刊》集部第44册，第264、278、281、265页。

④ 《遗集》卷八《与叶台山阁下·又》，《四库禁毁书丛刊》集部第44册，第278页。

⑤ 《遗集》卷八《与周怀鲁应抚》，《四库禁毁书丛刊》集部第44册，第283页。

在整个的事件变化中，丁宾的积极作为得到了各方的肯定，万历皇帝命令丁宾照旧供职。[①] 各方官员基本上认为是丁宾有效地避免了骚乱升级。叶向高即对丁宾写信说"向非台下恩信素洽，为之解纷，则其势将更有决裂矣"，[②] 充分肯定了丁宾的作用。丁宾与陆长庚久候圣旨不下而先开局铸钱的举措，也被看作是"为国为民"的举动。[③] 由丁宾督造的官钱还因"坚厚光润"，而被百姓称为"丁操江"。[④]

不过，在这些正面的评价之外，也有不同的声音。嘉兴人李日华，万历二十年（1592）进士。南京骚乱发生时，李日华正闲居在家。骚乱发生于九月初二，二十五日时有两个朋友从南京回到嘉兴，告知了李日华事情的经过，但内容与丁宾和南京其他等官的说法有所不同：

> 留都私钱盛行，府尹陆津阳出示禁止，姑令私钱折官钱，每一当二，市横不便之，故勒铺行仍收私钱，无折法，因相与阅殴。公擒其尤六人，将重惩之时，操江中丞丁敬所公多行惠于闾阎，每出必令健卒囊钱散丐者，丐者日拥集，随其舆所，散钱皆私冶也。诸丐乘闲以陆禁白公，公曰：官府禁示，虚套耳，汝辈第行之自若。众因哗，咸訾陆公。候陆出，拥其舆，谇语几至于变。丁公又为谢罪于诸丐者，始释陆，而钱禁弛矣。

李日华从朋友口中听闻的事情脉络，显然是丁宾对此突发事件负有很大的责任，尤其是丁宾对官府禁令的漠视以及对乞丐们的说辞，直接引发了骚

---

① 《遗集》卷二《留都钱法大坏疏》，《四库禁毁书丛刊》集部第 44 册，第 61 页。

② （明）叶向高《苍霞续草》卷十九《与答丁敬宇》，《四库禁毁书丛刊》集部第 125 册，第 290 页。

③ （明）胡我琨《钱通》卷二，引万历年张邦俊疏，第 393 页。（明）周晖《续金陵琐事》下卷《私铸生盗》，张增泰点校，南京出版社 2007 年版，第 264 页。

④ （清）张岱《石匮书》卷一百九十七《循吏列传·丁宾》，南京图书馆藏稿本，《续修四库全书》史部第 320 册，上海古籍出版社 2002 年版，第 37 页。

乱。李日华据此也发表了自己的评论：

> 嗟夫，冶铸，国柄也，竟为民所盗，京尹尊臣也，竟为丐所辱，而丁公以萧娘吕姥之态，伛偻其间，几挑大衅于辇毂之下。时事何如哉。[①]

李日华非常直接地批评了丁宾的软弱和无能。其实，仅依据朋友关于这件事情的描述，应当难以给丁宾下如此负面的评论。李日华曾在朝为官，嘉兴县与嘉善县又毗邻，丁宾的诸多事迹，李日华应该常有耳闻。能让李日华有此印象，必定不仅因为南京骚乱这一桩事。事实上，丁宾事后也表示过自己为官向来太过姑息："自念生平赋禀庸愚，知识浅陋，自筮仕句容为令以至叨冒今官，每当临民，妄欲先行教化，而后加以刑罚，竟不知慈爱之过易流于姑息，即今私铸无忌，虽由少铸官钱，实系臣禁戢不早，至于哄动。"[②]可见丁宾执政姑息、宽容的风格在朝野上下曾引起过非议。

无论如何，在晚明的南京，丁宾算得上是一位非常杰出的官员。从禁用铺户、总甲改革、武官留南袭替、恢复三饭堂，到水陆交通治理，诸项政务均有益于改善民生，缓和社会矛盾。在大水灾与城市骚乱中，丁宾也尽可能降低了突发事件的破坏性，很快地安定了社会秩序。南京百姓感念于丁宾的种种惠政，相当亲切地称其为"丁妈妈"。[③]

丁宾离任南京时，南京士绅为丁宾塑像建祠以示怀念[④]，并邀请著名的隐士——华亭人陈继儒撰写了"去思碑记"。陈继儒称丁宾在南京官场上"资

---

① （明）李日华《味水轩日记》卷三，万历三十九年（1611）九月二十五日条，《续修四库全书》第 558 册，第 363 页。

② 《遗集》卷二《留都钱法大坏疏》，《四库禁毁书丛刊》集部第 44 册，第 61 页。

③ （明）黄景昉《国史唯疑》卷十一《万历、泰昌、天启》，陈士楷、熊德基点校，上海古籍出版社 2002 年版，第 323 页。

④ 清代嘉善文人孙燕昌曾在南京拜谒过此祠堂，有《竹枝词》记曰："曾谒金陵都宪祠，清风刻木表须眉。"（见政协嘉善县委员会文史资料研究委员会《嘉善县志》办公室编《嘉善县文史资料》第 7 辑上册，嘉善县政协文史委 1992 年印行，第 9 页。）

最深，望最重"，认为千秋之后将丁宾从祀孔庙都不为过。①

朝中重臣叶向高也曾说丁宾"官南国久，真诚恻怛，日以爱人利物为事，人皆信向之"。② 还用看似戏语的一句"丁老先生是个当家婆"来称赞丁宾南京行政的作为。③ 被目为"阉党"的石三畏也称，"党争"之际，南京"赖丁宾等主持不至倾覆"。④

丁宾在南京为政的兢兢业业、恪尽职守，已为时人所认可。与此同时，我们还能够清楚地看到，丁宾行政中与江南乡居的士大夫、地方官僚与朝廷各级官僚之间频繁的联系与合作，及其产生的庞大的官僚网络。在与丁宾联络合作的人中，不少人的政治地位和社会影响力与丁宾相当，还有一些是地位更高的大僚，如叶向高、朱国祯、李廷机、周孔教等。丁宾于南京进行实际行政工作时，他们或在朝中斡旋支持，或直接施以援手，或与丁宾通力合作处置各类问题。

江南是王朝的经济重心、衣食所赖，江南地区的安定关系到整个国家发展的大局。⑤ 对地方事务的处理过程中，各地、各级官员们如此横向或纵向地积极互动，实际上已建构起一个比较广泛的人际网络，各类政治资源因而也被调动起来，从而形成支撑地方社会发展、维持政治安定的一股重要力量。尽管有万历皇帝的多年怠政、社会与政治上的种种内忧与外患，但整个帝国仍得以比较平稳地持续下来，江南经济依旧繁荣发展，留都南京的社会控制比较有力，确实都有赖于像丁宾这样的官员们的支撑。

---

① （明）陈继儒《白石樵真稿》卷四《都御史丁公去思碑记》，《四库禁毁书丛刊》集部第66册，第74—75页。

② （明）叶向高《操江重修总府并提名记》，（明）施沛《南京都察院志》卷三十六《艺文志》，《四库全书存目丛书补编》第74册，第327页。

③ （明）周晖《二续金陵琐事》上卷《定柴米价》，第323页。

④ 《明熹宗实录》卷六十一，"天启五年七月甲戌"条。

⑤ 邹逸麟《论"江南"的政治含义》，收入王家范主编《明清江南史研究三十年（1978—2008）》，上海古籍出版社2010年版，第177－182页。

第六章 "合邑景从"：为善嘉善

"士绅"

在句容县和南京的施政，是丁宾身为朝廷官员的职责。对于家乡嘉善县来说，丁宾则是"绅"，或者叫"乡绅""士绅"。这是一个特殊的群体。明清时代，像丁宾这样的乡绅，对家乡社会有着很大的影响力。吴晗与费孝通都认为：官僚是和士绅共治地方的；官僚是士大夫在官位时的称号，士绅则是士大夫的社会身份；士绅虽然在野，可是朝内有人，他们没有政权，但有势力，这势力就是政治免疫。[①]

那么"士绅""乡绅"究竟指哪些人？一般来说，当今学者在研究或提及这一群体时，大多用"士绅"一词。在具体的语境里，"士绅"有广义和狭义两个层面的含义。

狭义上讲，日本学者根岸佶和奥崎裕司引用在清康熙朝做过县令的江西人黄六鸿的说法[②]，将乡绅定义为具有官僚身份的人乡居时的称呼，而举人

---

① 吴晗、费孝通等《皇权与绅权》，上海观察社 1948 年版。
② 黄六鸿在康熙初年曾任山东郯城、直隶东光等地的知县，曾有言："本地乡绅，有任京外者，有告假在籍者，有闲废家居者，其交际之间宜待之。……至于学校中有文章品行之士，特加优遇。"〔载（清）黄六鸿《福惠全书》卷四《待绅士》，康熙三十八年（1699）刻本。〕

以下不具有官僚身份的监生、生员等为士人。① 张仲礼按照科举功名的高低将士绅分为上、下两个阶层，官员、进士、举人和正贡为上层士绅，非正贡（捐买为贡生的）、监生和生员是下层绅士。② 山根幸夫按照做官与否的标准进行划分，认为现任官、退任官以及被免官僚，与官位直接相关，也可看作是上层士绅；举人、贡生、监生、生员与官位有较近的关系，是有志于做官的人，可看作下层士绅。③

瞿同祖研究清代地方政府的制度和运作，认为清代的士绅阶层，包括了以正途或捐纳而得的现职、退休、罢黜官员，以及从生员到文武进士等未出仕者，并指出官员具有双重身份，在任职地为官员，在家乡则为士绅。④ 与此相似，萧公权将有官衔的现任官员归为"绅"类，举人、监生等有功名而尚没有出仕者归为"士"类。⑤ 何炳棣在对明清社会上、下行流动的研究中，把官员与有任官资格者列为士绅，就明代而言包括现任、退休、与候补官员及有资格任官者的吏员、进士、举人及正途与非正途贡生与监生。清代的监生基本不再有直接的任官资格，故被排除在外。⑥ 寺田隆信则直接把乡绅看作明末时的用语，认为乡绅是凡具有生员、监生、举人、进士等身份乃至资格、居住在乡里人的总称。⑦ 刘翠溶提出，凡是与科举、捐纳和仕宦有关的人群，

---

① （日）根岸佶《中国社會に於ける指導層：中國耆老紳士の研究》，平和书房 1947 年版。
（日）奥崎裕司《中国郷紳地主の研究》序章《郷紳の條件》，汲古书院 1978 年版。

② 张仲礼《中国绅士——关于其在 19 世纪中国社会中作用的研究》，李荣昌译，上海社会科学院出版社 1991 年版。

③ （日）山根幸夫《河南省商城県の紳士層の存在形態》，《东洋史研究》第 40 卷第 2 号，1982 年。

④ 瞿同祖《清代地方政府》，范忠信、何鹏、晏锋译，法律出版社 2003 年版。

⑤ Hsiao Kung-ch'uan, Rural China : Imperial Control in the Nineteenth Century, Washington: University of Washington Press, 1960. （中译本《中国乡村：论 19 世纪的帝国控制》，张浩、张升译，联经出版社 2014 年版。）

⑥ Ho Ping-ti, The Ladder of Success in Imperial China: Aspect of Social Mobility in China, 1368-1911, New York: Columbia University Press, 1962. （中译本《明清社会史论》，徐泓译注，联经出版社 2013 年版。）

⑦ （日）寺田隆信《明代郷紳の研究》第一章《郷紳の登場》，京都大学学术出版会 2009 年版。

大致都可以属于中国传统社会所习称的士绅阶层。[①]

上面的各类"士绅"定义，虽然有些许的差别，比如上下层的划分界线、"绅"与"士"的区隔与否等，但他们都是以科举功名和做官经历作为定义标准，这可以看作是狭义的士绅。

从广义上看，有功名者的家族或者在地方社会中拥有很大影响的地主和商人等也可以被划入士绅的范围。像费正清就认为士绅不仅是有功名的个人，而且是一群家族，甚至可以包括一些在地方有影响的大地主。[②]魏斐德也指出，绅士常用来指有功名的人，但事实上，绅士是由那些当地可能有官职也可能没有官职的人组成的一个声望显赫的集团。[③]吴晗也称，"居乡的宰相公子公孙，甚至老太爷、老岳丈……这类人不一定做过官，甚至不一定中过举，一样是大绅士"。[④]傅衣凌将在地方上有权有势的无功名者归入"准乡绅"的行列，因为这部分人通过土地买卖占有土地或通过族大丁多而产生了权力，可以武断乡曲，甚至还可以通过科举、赐爵、捐纳、婚姻等途径跨入乡绅之列。[⑤]

丁宾有进士身份，是科举制下的最高功名，此后在官场中出仕几十年，官至二品，因此无论从广义还是狭义上讲，他都无疑具有士绅的身份，而且属于士绅中的上层。

一个通过科举入朝出仕的人，可以同时兼具"官僚"和"士绅"两种身份，只不过在不同的场合中，各有侧重。就像瞿同祖明确说的"官员具有双重身份，在任职地为官员，在家乡为士绅"。[⑥]值得一提的是，在外

① 刘翠溶《明清时期家族人口与社会经济变迁》，台北"中研院"经济研究所，1992年，第38页。

② 参见（美）费正清《美国与中国》，张理京译，商务印书馆1978年版。

③ 参见（美）魏斐德《大门口的陌生人：1839—1861年间华南的社会动乱》，王小荷译，中国社会科学出版社1988年版。

④ 吴晗《论绅权》，原载《时与文》1948年第3卷第1期，后收入《吴晗文集》第三卷，北京出版社1988年版，第424页。

⑤ 傅衣凌《明清封建各阶级的社会构成》，《中国社会经济史研究》1982年第1期，第12页。

⑥ 瞿同祖《清代地方政府》，第292页。

任职的官员，虽然本人不在家乡本地，但仍然有能力和机会参与家乡社会的各种事宜，这个时候，对家乡社会和他自身来说，"不在地"仍然有"士绅"的身份。傅衣凌就提出，应当将在外地当官，但仍对故乡基层社会产生影响的官僚与在乡的缙绅相提并论。[①]

对士绅这一阶层的认识，国内外经历过不同研究背景下的几次变化。明史学者吴晗在长文《明代的新仕宦阶级、社会的政治的文化的关系及其生活》中从社会、文化、政治和生活等多方面对明代的仕宦阶层进行了深入的探讨，但核心思想仍在揭示这一群体横行乡里、鱼肉百姓的阴暗面。[②]许大龄论述大地主阶级在明代初期的重新调整，虽然指出过这一阶层的进步倾向，但仍是以强调其腐朽反动和历史局限性为主。[③]傅衣凌指出，一般官僚都拥有或多或少的土地，因此他们又都是地主，这个群体作为中国专制国家的一个助手而出现于社会，共同宰割广大的劳动人民。[④]经济形态方面，当时的学者们主要从封建地主土地所有制出发，关注士绅通过地租对农民进行的剥削，以及士绅地主在土地经营方式上与明清出现的所谓"经营地主"相比的落后性。[⑤]

从明清土地制度和赋役改革的角度，日本学界关注到乡绅利用"优免权"所造成的土地集中、派役体制瓦解的现象，概括其为乡绅的大土地所有制。以田中正俊、安野省三、滨岛敦俊、川胜守、西村元照等为代表的学者，通过研究明清土地和赋役制度，认为"在16、17世纪明末清初，由'乡绅土地所有制'的发展导致了里甲制的解体，使明初创立并维持的征收税粮、徭役及维持共同体再生产的机构瓦解与此相对应，国家政权虽然对'乡绅土地

① 傅衣凌《中国传统社会——多元的结构》，《中国社会经济史研究》1988年第3期。
② 吴晗《明代的新仕宦阶级、社会的政治的文化的关系及其生活》，1943年作，后载《明史研究论丛》（第五辑），1991年，第1—68页。
③ 许大龄《明清史论集》，北京大学出版社2000年版，第324—347页。
④ 傅衣凌《明清封建各阶级的社会构成》，《中国社会经济史研究》，1982年第1期。
⑤ 详见孙立群《建国以来关于封建地主阶级研究的综述》，载《中国古代地主阶级研究论集》，南开大学出版社1984年版，第296—333页。

所有制'的发展加以一定限制，采用新的形式重新编成里甲制，但最终还是容忍了'乡绅土地所有制'。至此，国家已变成代表乡绅利益的权力机构"。[①]重田德更进一步认为，通过科举机制，国家主要依靠接受国家赏赐特权的人逐步代替了地方的耆老和名流，故从政治社会的范畴提出"乡绅统治论"，把乡绅统治理解成集权体制下的特权阶层将权力拥为私有，形成半独立倾向的"自上而下的封建化"，和由地主—佃户封建生产关系发展引起的"自下而上的封建化"的结合。[②]

　　基于社会结构和权力关系的视角，士绅阶层是官、民的中介，在地方社会中协助州县官完成辖区内的日常行政管理，是不可忽视的力量。日本学者松本善海、小山正明将士绅看作中国传统社会中的"指导层"和"支配层"，称他们是村落中真正具有实权的人。[③]瞿同祖从地方行政的角度，分析士绅与地方政权的关系，认为士绅是与地方政府共同管理当地事务的地方精英。与地方政府所具有的正式权力相比，他们属于非正式的权力。士绅发挥影响的渠道主要有老百姓的圈子和地方官圈子。[④]萧公权通过对19世纪中国乡村的研究，提出士绅是乡村组织的基石，没有士绅的村庄，便很难有高度组织性的活动。[⑤]

　　就目前而言，最后一种视角更为流行和被普遍接受。士绅阶层是明清地方社会的中坚，对士绅的研究在很大程度上可以看作是探索整个明清时期

---

① （日）森正夫《日本の明清時代史研究における郷紳論について》(1)，《歴史評論》第308号，1975年，第40—60页。

② （日）重田德《乡绅支配的成立与结构》，载《日本学者研究中国史论著选译》第二卷，中华书局1993年版，第467页。

③ 详参（日）松本善海《旧中国社会の特質論への反省》，《東洋文化研究》第9、10号，1948年、1949年，第20—35页、第37—51页。（日）小山正明《明末清初の大土地所有——特に江南デルタ地帯を中心として》，《史学雜誌》第66卷第12号、第67卷第1卷，1957年、1958年，第1—35页、第50—72页。

④ 瞿同祖《清代地方政府》。

⑤ Hsiao Kung-ch'uan, Rural China : Imperial Control in the Nineteenth Century, University of Washington Press, 1960.（中译本《中国乡村：论19世纪的帝国控制》，张浩、张升译，台北联经出版社2014年版。）

社会历史变化的关键。[①] 借助士绅群体在各领域的表现，可以反映出社会诸多层面的问题。[②] 尤其在丁宾生活的江南地区，经济开发相对充分、政治力量渗透较好，庞大的士绅阶层盘踞在地方社会中，其作用和影响力更加明显。生活于明末浙江山阴的著名理学家刘宗周，用江南之地"无一事无绅衿孝廉把持，无一时无绅衿孝廉嘱托"概括了士绅阶层的地位。[③] 因此，有学者干脆将明清的江南地区总结为"非宗族性的乡绅社会"。[④]

　　刘宗周的概括，一方面点明了士绅的重要地位，另一方面也暗含了对士绅负面影响的指责。确实，士绅这一群体的存在，在地方社会中造成了很多负面的影响，尤其滥用优免之例，对王朝的赋役制度和地方徭役征发带来无穷的困扰，[⑤] 以及士绅的聚敛专横，也造成很大的社会问题，甚至引发民间的变乱。[⑥] 这些都是毋庸置疑的。但与此同时，他们确实也是维持明清江南

① （日）森正夫《日本の明清時代史研究における郷紳論について》，《歷史評論》第 308、312、314 号，1975—1976 年，第 40—60 页，第 74—84 页，第 113—128 页。

② 如赖惠敏的《明清浙西士绅家族的研究》（台湾大学历史研究所博士论文，1988 年）即以士绅家族经济、文化活动、婚姻圈、人口变动的研究，来探讨明清士绅社会控制等政治、社会诸问题。

③ （明）刘宗周《刘宗周全集》文编上《奏疏四》"责成巡方职掌以振扬天下风纪立奏化成之效疏"，吴光主编，浙江古籍出版社 2007 年版，第 209 页。

④ 日本学者滨岛敦俊根据多年的田野调查和文献研究，认为华南是宗族性的乡绅社会，江南是非宗族性的乡绅社会、华北是非宗族性的庶民社会。详见（日）滨岛敦俊《明末华北地区地方士人的存在形态》，载《近世中国的社会与文化论文集》，明代研究学会（台北）2007 年版，第 29—60 页。

⑤ 如，（日）川胜守《中国封建国家の支配构造：明清赋役制度史の研究》，东京大学出版会 1980 年版。伍丹戈《明代绅衿地主的发展》，《明史研究论丛》第二辑，1984 年。张显清《明代官绅优免和庶民"中户"的徭役负担》，《历史研究》1986 年第 2 期。

⑥ 诸如，（日）川胜守《徐乾学三兄弟とその时代——江南乡绅の地域支配の一具体像》，《东洋史研究》第 40 卷第 3 号，1981 年。（日）佐伯有一《明末董氏之变》，《日本学者研究中国史论著选译》第六卷，中华书局 1992 年版。马学强《乡绅与明清上海社会》，《上海社会科学院学术季刊》1997 年第 1 期。吴建华《"民抄"董宦事件与晚明江南社区的大众心态》，《中国社会经济史研究》2000 年第 1 期。（日）夫马进《晚明杭州的城市改革和民变》，载（美）林达·约翰孙《帝国晚期的江南城市》，成一农译，上海人民出版社 2005 年版。

社会的稳定与延续发展的重要力量。^① 士绅阶层的政治、经济和文化资源优势，以及作为国家控制体系的延伸，在地方社会的风俗教化、灾害救济、公共工程、秩序恢复、社会重建等领域扮演着重要的角色。^② 此外，士绅们的生活十分丰富，旅游、交游、筑园、社交、鉴赏等文化活动，^③ 在从乡村到城市的广大空间展开，影响和塑造着地域社会的文化形态。

对于嘉善县而言，丁宾即处于士绅这一特殊群体中。他长期身处国家官僚系统中，有较高的政治地位和广泛的社会交往关系，在参与嘉善县基层社会治理的过程中，能够与王朝、官府的管理行为实现很好的对接，在嘉善县及其周边地区展现重要影响力。

---

① 冯贤亮《传统时代江南的中层社会与乡村控制》，《上海社会科学院学术季刊》2002年第2期。唐力行、张凤翔《国家民众间的徽州乡绅与基层社会控制》，《上海师范大学学报》（哲学社会科学版）2002年第4期。

② 详参（日）大谷敏夫《清代江南の水利慣行と鄉董制》，《史林》第63卷第1号，1980年。（日）井上彻《鄉約の理念について——鄉官·士人層と鄉里社会》，《名古屋大学东洋史研究报告》第11号，1986年。（日）上田信《明清期·浙东における州県行政と地域エリート》，《东洋史研究》第46卷第3期，1987年。游子安《劝化金箴：清代善书研究》，天津人民出版社1999年版。（日）岸本美绪《明清交替と江南社会：17世纪中国の秩序問題》，东京大学出版会1999年版。（日）夫马进《中国善会善堂史研究》，伍跃、杨文信、张学锋译，商务印书馆2005年版。（日）森田明《清代水利与区域社会》，雷国山译，山东画报出版社2008年版。（日）酒井忠夫《中国善书研究》，刘岳兵、何英莺译，江苏人民出版社2010年版。陈春声《明末东南沿海社会重建与乡绅之角色——以林大春与潮州双忠公信仰的关系为中心》，《中山大学学报》（社会科学版）2002年第4期。梁其姿《施善与教化——明清的慈善组织》，北京师范大学出版社2013年版。

③ 钱杭、承载《十七世纪江南社会生活》，浙江人民出版社1996年版。王鸿泰《美感空间的经营——明、清间的城市园林与文人文化》，《东亚近代思想与社会》，台北月旦出版社1999年版。陈正宏《诗画合璧与明代士绅的社交方式》，《文化遗产研究集刊》，上海古籍出版社2003年版。陈宝良《明代社会生活史》，中国社会科学出版社2004年版。巫仁恕《清代士大夫的旅游活动与论述——以江南为讨论中心》，《近代史研究所集刊》，第50期，2005年。陈江《明代中后期的江南社会与社会生活》，上海社会科学院出版社2006年版。朱冬芝《晚明士绅的人际缩影：祁彪佳日记中的社交活动及其转变》，《明代研究》（台北），第9期，2006年。巫仁恕《品味奢华——晚明的消费社会与士大夫》，中华书局2008年版。万木春《味水轩里的闲居者——万历末年嘉兴的书画世界》，中国美术学院出版社2008年版。

赈灾

晚明是灾荒频发的年代，江南一带水、旱灾情不断。作为嘉善以至浙西地区的大乡绅，丁宾对家乡的灾荒一直特别关注，常常捐钱捐粮，救济灾民，尤其值得留意的是，丁宾的赈灾范围并不限于嘉善一地。

万历十五年（1587）夏，嘉善大水，至秋季，又狂风大作几十日；第二年随之大饥，米价一度涨至一两八钱，流民数以万计，饿死的灾民也不计其数；第三年，疫病流行，六月又遭大旱，田间荒芜。[①] 如此三年连续受灾，嘉善县中民不聊生。这时的丁宾因得罪张居正而辞官乡居中。据后来同邑人陈龙正回忆，丁宾在这次灾荒中所捐的米、布、絮和钱等，总共价值三万多两，而且丁宾不是仅捐完即了事，还细致周到地向灾民按需分发："布不行则以米易布，民饥则煮粥，暑月虑败，则给米，寒则给布絮，死则给棺，暴则装殓。"[②] 丁宾已经俨然成为当地救灾的组织者。

万历三十六年（1608），江南地区大范围遭遇水灾。丁宾时任提督操江，必须在南京和长江下游沿线组织赈灾，不便回乡亲自救济。于是丁宾委托侄子丁铉在嘉善代为操办救荒事宜，前后共施米两次，每次早、晚陆续分发，凡是饥民都可以领取。[③]

除了在嘉善受灾时积极参与赈灾外，丁宾还多次向吴江和青浦两地捐粮赈荒。如万历十七年（1589）、四十八年（1620）和天启四年（1624）时，吴、青两地遇水灾，万历三十二年（1604）时两地遭旱灾。这四次灾荒中，丁宾分别向两县捐米两万石、一万石、六千石和一万五千石。

万历四十八年（1620）和天启四年（1624）的两次灾情中，吴江、青浦两地米价极高，出现"饥者僵于途，悍者掠于市，豪商大贾壅上流之粟莫敢前，民且蠢蠢思动"的情况，社会秩序面临极大的挑战。丁宾先设粥棚，

---

① 万历《重修嘉善县志》卷十二《杂志·灾祥》，明万历二十四年（1596）刻本，第8页a。

② （明）陈龙正《几亭全书》卷五十八《题丁清惠公赈施条约》，康熙刻本，《四库禁毁书丛刊》集部第12册，北京出版社1997年版，第624页。

③ 《遗集》卷二《乞免记录奖赈疏》，《四库禁毁书丛刊》集部第44册，第59页。

又派发米粮，甚至因为领取的人太多而不得不用船载米前往数里外"唱发"。除粮食外，丁宾还向灾民施苇席避雨、布襦避寒，一切周详备至。① 至于为何屡次赈济吴江、青浦两地，丁宾并没有留下任何相关的言辞，但结合吴江、青浦与嘉善三县的地理位置，可以稍作解释：吴江、青浦与嘉善北部接壤，丁宾家所在的永安乡即靠近县境北界，是三县的交界地域。这一带地势低洼，水网密布，河湖众多，其中一些湖荡，如汾湖，还跨两个行政区域。嘉善北部与北面的吴江、青浦之间往来十分近便。吴江、青浦拥有的一些发达市镇更是嘉善北部乡民生活的依赖。在传统社会中，处于行政区划疆界附近的人们往往以生活习惯为中心，而对正式的行政区划意识比较淡薄，故而丁宾对吴江、青浦有感情是很自然的事情；另一方面的因素也许更重要，即吴江、青浦两地社会若因灾情发生动荡，势必会波及相邻的嘉善地区，首当其冲的或许就是丁宾家所在的区域，所以，从家乡社会稳定的角度考虑应该是另一个丁宾多次大力救济吴江、青浦的重要原因。此外，乡绅的田产一般不会局限在本县一地，丁宾有田产在吴、青两地也未尝不可能。不过，无论是什么原因，丁宾这种跨区域的救灾，都有益于吴江、青浦两地灾情的缓解和更大区域内社会秩序的维护。

地方官自然十分赞赏丁宾的这种积极救灾的举动，尤其是作为一个乡绅在地方社会事务中所起的表率作用。因此，浙江官员在丁宾两次赈济嘉善后分别为他上表旌赈，第一次被丁宾追回，第二次因丁宾力辞得以免除。② 天启五年（1625），浙江巡抚佥都御史刘可法、浙江巡按监察御史刘之待一起为丁宾上疏《为灾民啼饥望赈仁贤破格好施恳乞天恩特赐褒嘉以示风励事》，得到批准，皇帝下旨："丁宾好义施仁，准加太子太保，赐匾褒嘉，仍行该抚按令其自办建坊，以示风励。"③ 丁宾于第二年（1626）的正月和五

① （明）陈继儒《白石樵真稿》卷四《丁大司空四赈亭记》，《四库禁毁书丛刊》集部第66册，第92页。
② 《遗集》卷二《乞免记录奖赈疏》，《四库禁毁书丛刊》集部第44册，第58、59页。
③ 《遗集》卷四《赈饥辞免晋秩建坊疏》，《四库禁毁书丛刊》集部第44册，第143页。

月两次上疏推辞,最终得免。[①] 虽然丁宾拒绝了朝廷的褒奖,但地方社会仍然对丁宾大为感谢:吴江、青浦两县为丁宾立生祠祭祀。[②] 青浦还建有"四赈亭"以示不忘丁宾的恩德,陈继儒特意撰写了亭记,详细记载了丁宾四次赈灾的情形。[③]

乡绅个人的捐助力量毕竟有限,更有效果的赈灾方式无疑是借助国家的力量。

万历三十六年(1608)大水,两浙巡抚甘士价按例上疏请求勘灾和蠲赈后,又提出了南粮改折以备荒的办法。甘士价先向南京户部右侍郎兼右金都御史总督粮储的赵钦汤提议留粮备荒的方案:"留嘉湖昨岁应解南粮备荒,而以折银还部。"[④] 丁宾得知这个消息后,非常赞同,极力希望促成此事。但赵并不太同意。丁宾不便越权上奏,只得亲自告知甘士价,让甘马上直接上疏皇帝请折。在甘上疏的过程中,丁宾又多次恳请赵钦汤支持此事,赵仍然不置可否,只推说等待朝廷的题覆批文。丁宾焦急万分,又无可奈何,不断地与甘士价通信交代情况。丁宾考虑到,南粮事宜必定会下发南京各部商议,到时可以凭借自己身份地位高于赵钦汤的优势,促成改折。[⑤] 最终,嘉兴府得以"改折税粮之半"。[⑥]

除借助甘士价的力量外,丁宾还利用了浙江其他地方官。如浙江巡盐

---

① 《遗集》卷四《再辞优异天恩书》,《四库禁毁书丛刊》集部第 44 册,第 144—145 页。
② 光绪《吴江县续志》卷四十《杂志三·志余》,清光绪五年(1879)刻本,《中国地方志集成·江苏府县志辑》第 20 册,江苏古籍出版社 1991 年版,第 567 页。光绪《青浦县志》卷三《建置·坛庙》,清光绪四年(1878)刻本,《中国地方志集成·上海府县志辑》第 6 册,上海书店 1991 年版,第 82 页。
③ (明)陈继儒《白石樵真稿》卷四《丁大司空四赈亭记》,《四库禁毁书丛刊》集部第 66 册,第 92—93 页。
④ 《遗集》卷七《复甘紫亭抚院》,《四库禁毁书丛刊》集部第 44 册,第 230 页。
⑤ 详见《遗集》卷七《与甘紫亭抚院》,《复甘紫亭抚院》,《复甘紫亭抚院》,《复甘紫亭抚院·又》,《复甘紫亭抚院·又》,《四库禁毁书丛刊》集部第 44 册,第 230 页、第 234 页、第 234—235 页、第 236 页。
⑥ 光绪《嘉兴府志》卷二十三《蠲恤》,《中国地方志集成·浙江府县志辑》第 12 册,第 602 页。

御史方大镇。方大镇于万历三十六年（1608）八月上疏，请求在已经蠲赈和改折的基础上，将苏、松、常、嘉、湖五府的部分应送解光禄寺的白粳米、糯米，以及应解各府部衙门的糙粳米改折，最好能够暂时停征，其他如耗米、车船脚力、贴役之费也一并暂时免征。[①] 这显然符合丁宾和甘士价的意愿。在写给方大镇的一封信中，丁宾即对方大镇上疏南粮改折等事表示了赞同和感谢："苏、松、常、嘉、湖五郡白粮又蒙老公祖垂念悯恻，欲以光禄寺粳糯白米、府部各衙门糙粳米二项于往例外上徵，非常之恩，特疏恳请改折而且停征，从此五郡民运并闾阎细民受福无涯，不肖谨代为拜赐也。"[②] 但事情并非如此简单。方大镇是安庆桐城人。安庆府的长江航道，是丁宾操江御史所辖的范围，而安庆府这一年也同样遭遇大水灾。丁宾在信的后半部分，大方地向方大镇许诺：虽然安庆府的灾情现在已经勘定，但仍然会特意多加关照。[③] 很显然，丁、方二人达成了某种默契，方大镇作为浙江的地方官请求南粮改折，而丁宾则以提督操江的身份照应安庆府的赈灾，双方互利互惠。

其实，救济吴江、青浦两地时，丁宾同样利用了自己的人脉关系，联系朝中权臣请求折蠲，为两县的赈灾提供了很大的帮助。[④]

还有一个插曲：万历三十六年（1608）时，朝廷曾下令拨出浙江的盐课税十万六千两给浙西赈灾，但第二年初，又反悔，要求将其中的一半拨给应天府等其他六个府。其实，盐课税拿不出十万两之多，可能只有一万而已。五万三千两在浙西的赈灾中尚难以维持，何况只有一万两。甘士价上疏请求照旧发放盐课税给浙西，丁宾虽人在应天府为官，但仍希望浙西得到更多的赈款，他在给甘士价的信中说道："若老公祖另疏请回应天分去之半，如果

---

① （明）方大镇《宁澹居奏议》卷一《查勘白粮请恤》，《桐城方氏七代遗书》，清光绪十四年（1888）刻本，第12页。

② 《遗集》卷七《与方鲁岳盐院》，《四库禁毁书丛刊》集部第44册，第230—231页。

③ 《遗集》卷七《与方鲁岳盐院》，《四库禁毁书丛刊》集部第44册，第231页。

④ （明）陈继儒《白石樵真稿》卷四《丁大司空四赈亭记》，《四库禁毁书丛刊》集部第66册，第92页。

得遂尊愿，则功德诚无有量，不肖固所日夜祷祀而求者也。"① 可惜最终未能如愿。②

灾情过后，丁宾还继续关心恢复事宜。他在与内侄的信中就表达了对灾后农业收成的担忧，说道："吾乡水势不平，插青难遍，如果秋成失望，民生奚堪，鄙人老迈，桑梓一念，颇与足下同之，故谈及焉。"③ 丁宾还会适时与家乡的地方官保持联系，表达自己对家乡灾后事务的关心，如他与浙江提刑按察张副使的信中说："吾乡水灾，延至来春，丝米两罄，诚有难为措置，非年丈洞悉民艰，安能指陈及此，至如省刑薄敛一段，尤恻乎，仁人之言不肖殊深佩服矣。"④ 丁宾用这种方式既是向地方官的辛劳表示感谢，又可从侧面产生督促作用。

国家的荒政政策固然是赈灾中的主力，但限于制度、地域和人事等因素的制约，救灾难以面面俱到。这个时候，地方有经济实力的富户能够出钱出力参与救济，就显得十分重要。在晚明的江南，地方名士或大儒也往往倾向于推动当地的慈善活动。⑤

从丁宾的赈济活动来看，灾荒时的地方自救可以不仅是物资的捐助那么简单。士绅现有，或曾有过的官员身份为他们在地方社会赈灾中所能发挥的多重作用提供了条件。

他们不仅可以像普通富户那样以个人的名义捐钱捐粮，参与地方社会中最直接的救济，还可以凭借其官僚身份和人脉关系，为地方争取更多的国家援助，尤其是有着较高品级的士绅，这种作用的发挥就更加明显。丁宾在万历十六年（1588）乡居时仅是御史的身份，人微言轻，又不在官场，所以

---

① 《遗集》卷七《复甘紫亭抚院》，《四库禁毁书丛刊》集部第 44 册，第 236 页。
② 《明神宗实录》卷四百五十四，"万历三十七年正月戊戌"条。
③ 《遗集》卷七《答吴尔斋内侄》，《四库禁毁书丛刊》集部第 44 册，第 229 页。
④ 《遗集》卷七《复张望湖宪副》，《四库禁毁书丛刊》集部第 44 册，第 232 页。
⑤ 详参梁其姿《施善与教化：明清的慈善组织》，台北联经出版社 1997 年版；王卫平、黄鸿山《中国古代传统社会保障与慈善事业：以明清时期为重点的考察》，群言出版社 2004 年版。

难以在争取国家救济上发挥作用。但到万历三十六年（1608）时，丁宾已经官至南京都察院右佥都御史提督操江，朝廷四品大员，即使人未在嘉善县，也仍然能够借助人际关系网络自如地斡旋于中央和地方官之间，为家乡赈灾争取更多国家层面上的利益。

此外，士绅对地方社会的赈济也并不是严格地以行政区划为界线，日常生活中活动范围的习惯，以及对家乡发生潜在威胁的考虑等因素，都会影响到士绅投放赈资的方向，而士绅这种跨区划赈济的行为，显然可以为更大的地域带来益处。

争田

明代嘉善县与嘉兴、秀水两县的疆界错壤问题由来已久，争田纠纷旷日持久、反反复复，在晚明直至清代的江南产生过很大的影响。三县争田纠纷的起因、过程、参与争田的各县主导人物，以及由此所反映出的政区分割弊病、地方管理状态等问题，已有许多学者进行了探讨。

丁宾亦参与到了争田纠纷中，是万历四十四至四十五年（1616—1617）的争端中嘉善县一方的主导力量。为行文的逻辑和连贯性，结合已有的研究成果，先回溯至明宣德年间的分县事件。

明宣德五年（1403），因人口众多、赋税繁重，原嘉兴县一分为三，是为嘉兴、秀水和嘉善。分县时三县的区域分割便不够清晰，有若干乡同时置于两个县的管辖之下，再加上这一轮的析县过程采取了"按籍分民，随民分土"的原则，田地互嵌情况更加复杂一些。"田嵌嘉善而粮完嘉秀"或"田嵌嘉秀而粮完嘉善"成为当时存在的普遍现象。

分县之后，三县的田则却相差很大。嘉善土地最肥沃，官田最多，田则也最重；秀水次之；嘉兴土地最瘠，民田较多，田则也最轻。三县有嵌田的民户因隔县纳粮不便，往往采取"兑粮不兑田"的方式处理，又因各县田赋有差而进行"贴银"弥补，但其中不乏避重就轻故意将田"诡收"嘉兴、秀水两县者，所谓"兑者复去而去者不返"，流弊凸显。此外，不仅三县之间田则不同，一县之内因官、民田和土地肥瘠形成的田则也有不同。虽然嘉靖二十六年（1547），嘉兴知府赵瀛推行"扒平田则"，将各县官、民田以及山、荡、滩、池、水面等瘠薄之地分别统为一则，消除差异，使得一县之内田则得到统一，但是三县间的田则仍然高低不同，这就更为避重就轻、诡寄田地于他县提供了条件和动力。万历九年（1581），张居正为赋役改革而推行的清丈运动，成为此后屡次争田纠纷的起点。

具体到三个县的土地丈量方式，是以"圩"为单位组织的，而田土与人户、税粮的结合又必须在里甲单位中实现，两者从一开始就存在一个错位和衔接的问题，导致趁机隐田、诡寄、兑换者众多。而先丈田、后开收的顺序加剧了田粮的混乱不清。人户、田土和税粮的关系已难以理清。

最终嘉善县丈量出的田土数额少于原黄册中登记的数额，这一缺额从何而来，三县无法达成一致。嘉善一方将其归咎为嘉兴、秀水两县借推收之机攘夺了本县的原额田土。从此，纠合了三县百姓、士绅以及府县官府的争田纠纷反反复复地爆发。[①]

在几十年的争田过程中，嘉善一方锲而不舍地要求"正疆界"。这一方面缘于嘉善嵌于嘉兴、秀水两县的田土确实较多，如秀水人王庭即分析道："嘉、秀两县附郭，嘉善旧是魏塘乡镇。乡镇中乡绅富户少，故买近城之田而收粮于乡户者少。近城乡绅富户多，故买远乡之田而收粮于城户者多。此嵌田多寡不等，事理易明也。"[②] 这固然是事实，但嘉兴、秀水两县诡收和隐田情况较多也就势在必然了。另一方面则缘于嘉善希望通过多

---

① 上述过程参见：（日）川胜守《浙江嘉兴府の嵌田问题——明末、乡绅支配の成立にする関一考察》，《史学雑誌》82——4，1973年。廖心一《略论明朝后期嘉兴府争田》，《明史研究论丛》第 5 辑，江苏古籍出版社 1991 年版，第 125—145 页。冯贤亮《明代江南的争田问题——以嘉兴府嘉、秀、善三县为中心》，《中国社会经济史研究》2000 年第 4 期。侯鹏《"正疆界"与"遵版籍"——对万历丈量背景下嘉兴争田的再考察》，《中国社会经济史研究》2012 年第 4 期。

② （明）王庭《三县田粮问答》，载康熙《秀水县志》卷三《田赋·错壤》，清康熙二十四年（1685）刻本，《中国地方志集成·浙江府县志辑》第 31 册，上海书店 1993 年版，第 827 页。

争田额为县内折田自肥提供条件。这也是嘉善在屡次争端中不提丈田和查原额的重要原因。嘉兴和秀水两县因完粮本县可以避重就轻，故专攻嘉善折田自肥。这是对立双方不同经济利益诉求导致的结果。经过万历十三年（1585）、二十七年（1599）和三十一年（1603）的三次争端与会勘，争田的矛盾并没有彻底解决。

万历四十二年（1614），嘉兴知府吴国仕集合三县相关人员再次会查田粮。嘉善里老俞汝猷等人则将嘉善赋役黄册直接投解给了南京户科主管后湖黄册的给事中黄建中进行呈控。第二年，黄建中下发批文，处处维护嘉善利益，要求将嘉兴、秀水两县"诡田尽数改正"。[①] 嘉兴、秀水两县自然不甘如此，大力阻扰，知府吴国仕空拿批文无法推行。

嘉善方面也不甘示弱，以丁宾为首、集合了嘉善籍的士绅们联名上公揭，包括有：

> 翰林院修撰钱士升
>
> 兵部给事中李奇珍
>
> 原任河南道御史顾际明
>
> 拟授四川道御史魏廷相
>
> 都察院经历毛尚忠
>
> 刑部福建司主事钱士晋
>
> 南京吏部验封司主事计元勋
>
> 兵部车架司郎中庄则孝
>
> 刑部山西司主事陈国是
>
> 长芦盐运司运使冯盛典
>
> 原任宁州知州钱吾德
>
> 礼部办事进士钱继登
>
> 工部办事进士周宗文

---

① 光绪《重修嘉善县志》卷十《食货志二·嵌田》"万历四十三年户科黄建中疏"，《中国地方志集成·浙江府县志辑》第19册，第463—464页。

都察院办事进士潘永澄

大理寺办事进士魏大中

原任镇江府通判王应龙

原任开封府通判徐一骥

原任崇明县知县沈一德

郧县知县薛如玉

漳浦知县蒋英

香河县知县沈万钶

开封府儒学教授陈甲

乌程县儒学教谕吴志远

文华殿中书舍人盛懋

光禄寺署丞丁铉

　　嘉善的士绅们要求以黄建中所发批文为依据，归还嘉善三万三千五百亩田额。① 最终在万历四十五年（1617）酿成轰动一时的"割册"和"鼓噪"之乱。

　　万历四十五年五月，嘉兴府再次组织三县会查黄册，发现嘉善县的黄册遭到改动，许多张册页被撕去，代之以新写的内容。经调查，三年前会查田粮时，嘉善里老们曾将黄册藏至私人家中四五天，而黄册极有可能即是在这期间被篡改的。此事即被称为"割册"。"割册"被发现的三天后，嘉善里老们又纠合县中士民数百人，在嘉兴府、道衙门以及查册公所外喧闹示威，还前往代表秀水县争田的岳元声家打砸了一番。两日后嘉善一方继续在府城张贴布告，指责嘉兴府官员不公。这一变乱即为"鼓噪"。

　　在事件扩大之前，有两位支持嘉善一方的关键人物需要特别关注一下，他们与丁宾的关系在很大程度上影响了二人在三县争田一事中的倾

---

① 　光绪《重修嘉善县志》卷十《食货志二·嵌田》"万历年间嘉善县乡官公揭"，《中国地方志集成·浙江府县志辑》第19册，第464页。

向和态度。

其一，黄建中，字良辅，扬州兴化人，万历二十六年（1598）进士，官至南京户科给事中。万历四十二年（1614）时，丁宾已为南京工部尚书，在留都任职也已有十多年。虽然丁宾不掌南京户部，黄建中也不是丁宾的直接下属，但凭借丁宾在留都的职位和资历，向仅为南户科给事中的黄建中施压是非常自然的事情。再者，丁宾与黄建中在万历四十二（1614）、四十三年（1615）时还有两次直接合作的经历，即丁宾主持的"苏困南京织造苦役"和维修奉先殿的工程中，黄建中都以户科给事中的身份参与其中。①虽然丁宾遗集中没有保留下他与黄建中直接往来的书信，而黄建中的文集《留垣疏草》也没有保存下来，使我们对丁、黄二人的私交关系难以做出准确的判断，但是仅就上述分析仍然可以理解黄建中刻意满足嘉善"正疆界"愿望的行为。

其二，知府吴国仕也倾向于嘉善一方。当时嘉善里老俞汝猷等称："知府吴国仕奉委随取前任张知府详允文卷，并吊嘉兴、秀水、嘉善三县原丈量与后湖相同黄册逐一细勘，将嘉善隐田三万三千五百亩花名册与嘉兴、秀水丈量黄册查对，俱不入籍，彼时大为嘉善称冤。"②吴国仕的立场已很明显。吴氏，字秀升，号长谷，歙县人，万历二十二年（1594）进士。吴任嘉兴知府时，丁宾与他的关系不错，二人曾就"北运水脚银"和"粮长办粮不问老人、塘长"等问题进行过书信往来。③丁宾对吴的政绩颇有称赞。大概因为官职与资历的关系，丁宾信函中的言语带有一些指导和建议的意味，吴国仕对这位近在南京的大乡绅自然要有所顾忌和尊重。吴国仕受到嘉兴、秀水两县势力的阻挠，难以兑现黄建中批文里"正疆界"的要求，左右为难，最

---

① 《遗集》卷三《修理殿房以崇奉祀书》，《恩怜织造苦役归并苏困疏》，《四库禁毁书丛刊》集部第 44 册，第 99、103 页。

② 康熙《重修嘉善县志》卷十《艺文志一》"欺隐额田奏"（本邑里老俞汝猷、吴德贤等）康熙十六年（1677）刻本，第 58 页 a。

③ 《遗集》卷八《与吴长谷公祖》，《与吴长谷公祖》，《四库禁毁书丛刊》集部第 44 册，第 261、284 页。

后不得不辞官。

"鼓噪""割册"事件发生之后，嘉兴一方指责丁宾为罪魁祸首，仿佛言辞凿凿：

> 执牛耳而鼓众者，有丁司空耳。司空自恃官至九列，则人人莫敢谁何，故效改志之，故智以毁册，踵折田之余谋以隐田，唾手欲取三万三千亩以自丰而直厮隶从地方之官。……南中有言，丁司空深怒庄知府，而于职尤甚，曰深，曰甚，曰尤其狠毒，亦可畏惧哉。……（鼓噪之民）借司空之势力者，敢为无天无日之行，幸倡乱之举者，更逞翻云覆雨之手。割册、鼓噪孰是主盟，此等情形，不自满盘托出耶？①

秀水则记载"割册"一案就发生在丁宾家中：

> 丁司空将彼县鱼鳞册抬至家中，逐圩割去，逼令县官捕印。割全备之册以为亏册，匿总结之数，使无稽考，私造版图，朦胧暗详。②

丁宾当然不会承认，主动上疏申辩道：

> 公愤之事，臣以年岁颇长，书揭安得无名，列名安得不前，乃因此触犯欺隐者之忌，而欲陷臣以箝口，箝臣以罗织通邑之士民，真可哀也。五年来任其议论，臣心昼夜不安。……夫隐田僧民之诬臣不曰割册则曰匿册，不曰鼓噪则曰赶逐道府。……事起仓促，此时臣在南都，千里之外，而顾以指使鼓噪坐之，有是理否？甚至诬臣赶逐道府。夫赶逐二字，即平等人尚不可妄加，况道府公祖之尊

---

① 崇祯《嘉兴县志》卷九《食货志·土田》，《日本藏中国罕见地方志丛刊》，第 371 页。
② 康熙《秀水县志》卷三《土田》附"三县错壤"，《中国地方志集成·浙江府县志辑》第 31 册，第 800 页。

而分列编氓者耶？①

丁宾的申辩言辞显得十分空泛和无力。虽然除了秀水县的记载中将"割册"一事明确落实到了丁宾头上，其他并没有直接的证据显示丁宾是事件的主使，但从其个人及家族背景和利益诉求来看，丁宾作为此次嘉善争田的领导人物是极有可能的。

首先，丁氏世代居住在嘉善北部永安乡，靠近吴江一带，与嘉兴、秀水两县并无接壤。这一地理位置本身就不便于与嘉、秀两县嵌田的出现。事实上，据统计，丁宾家所在的嘉善县永八北区，嵌田的比例本身就很小，仅为1%左右。②丁氏在嘉兴、秀水两县即使有嵌田，想必也是很少，因此，丁宾可以无所顾忌地要求正疆界以争夺田额。

其次，像丁宾这样的大乡绅，田土隐匿不报或者接受"诡寄"荫庇他人的现象肯定存在。如秀水县就点名指出"善邑袁了凡之志隐没十二圩，丁司空之册隐没十三圩，各圩零隐不可胜数"。③面对县内土地的差额，清丈和查原额都是他们最不愿看到的事情，而要求"正疆界"则可以把注意力转移到外县，何乐而不为呢？

再次，万历四十五年（1617）之前，丁宾是嘉善县官职地位最高的士绅。后来更加有名的钱士升和魏大中等此时都是新中进士，地位、资历和人脉决不能与丁宾相比，而比丁宾晚三年中进士的支大纶在万历三十二年（1604）时已经去世。④

---

① 光绪《重修嘉善县志》卷十《土田·嵌田》"万历年间丁宾辨疏"，《中国地方志集成·浙江府县志辑》第19册，第464—465页。

② 廖心一《略论明朝后期嘉兴府争田》，《明史研究论丛》第5辑，第141页。

③ 康熙《秀水县志》卷三《土田》附"附三县错壤说"，《中国地方志集成·浙江府县志辑》第31册，第799—800页。

④ 支大纶，嘉靖十三年（1534）出生于嘉善县东部的绿溪，万历二年（1574）进士，万历三十二年（1604）死于嘉善县城。详参（日）滨岛敦俊《从〈放生河规约〉看明后期江南士大夫家族》，载张江华、张佩国主编《区域文化与地方社会》，学林出版社2011年版，第129—152页。

因此，能够在整个事件中上下协调、发挥主导作用的人，只能是丁宾了。嘉兴、秀水两县对丁宾的指责应不是完全的捕风捉影。子孙在为丁宾编辑文集时，特意没有将与此次争田相关的文字收录，理由是："若汶阳之诘，自通邑名义之砥在世风各有本末，别彰锓梓，故不并入。"[①] 丁宾往来联络的私人书牍不可能在别处公开，子孙此举，显然掩饰的意味更强。

事实上，像嘉兴、嘉善和秀水三县这样存在嵌田错壤、纳粮归属不明的情况，并非特例。同属嘉兴府的平湖县与海盐县之间、桐乡县与崇德县之间，也存在粮收他县的情况。因政区分割原则不合理而引发的这些田粮纠纷，从明代延续到清代。嵌田各县之间人户、田土、税粮的真实关系往往已无法辨清，每一次的纠纷与调整，很快即会被打破。直到清末民初，疆界问题才真正得到解决。

从以丁宾为代表的士绅阶层的行为来看，万历四十四年（1616）的这起争田冲突中，士绅阶层在国家与地方利益发生冲突时的选择倾向颇令人咋舌。嘉善一方希图争夺田额、折田自肥的愿望，显然是为了扩大嘉善县及县内官绅富户的利益，而牺牲国家的税收利益。丁宾作为当朝官员，在朝廷与地方利益冲突时，并没有从官员的立场出发维护朝廷的利益，而是完全以乡绅的身份为地方和自己牟利。这是传统社会官场中普遍存在的现象。

这次争田的过程也颇耐人寻味。丁宾凭借在南京官场的威望和人脉，于前期左右着事件的前进方向。事情扩大之后，却只看到丁宾的一封上疏申辩，没有看到其向更高一级的朝中大僚策援，最终让嘉兴、秀水两县占得上风，而嘉善"鼓噪"的乡民受到了处置。情形急转直下，从人际关系上看，当与此时的内阁首辅有很大的关系。

万历四十二年（1614）八月，与丁宾交好的叶向高从首辅任上致仕，由方从哲接任。秀水县争田的代表乡绅岳元声和朱国祚是方从哲的同科，二人正是利用与方氏的关系才得以扭转了形势。[②] 这一跌宕的过程充分显示了

① 《遗集》"凡例"。

② 廖心一《略论明朝后期嘉兴府争田》，《明史研究论丛》第 5 辑，第 135 页。

士绅的人脉关系在地方社会中所发挥的重要作用。

疆界错壤在明代的江南地区是较为普遍的现象，尤其在析县之后，这种情况就更加严重。疆界不清，户籍、田粮自然混乱。明代嘉兴府七县实际上都有这种现象的存在，而以嘉兴、嘉善、秀水三县最为突出和严重。由疆界错壤引发的争田纠纷，不仅是国家赋税征收的问题，更牵涉到地方利益的争夺。因田则不均，各地为维护自己的利益，不惜违规诡寄、隐田、飞洒，而万历初年的丈量根本难以查清田土期隐。"均田均役""一条鞭法"等改革也并未能挽救江南社会经济的困弊，反而在国家对江南地区赋税抽取的倚重加强与地方抵制反对之间形成了一种矛盾。① 士绅们虽然是地方政府管理基层社会的依赖，但在这个时候却往往倾向"地方保护主义"，推动争田事件不断升级。

民事

在《遗集》的书牍中，保留了大量丁宾与浙江各级地方官的书信。即使丁宾在南京做官时，也一直保持着对嘉善以至浙江的各项经济、社会状况的密切关注。通过与地方或中央相关官员频繁的联络，丁宾积极参与家乡社会的管理。

丁宾对漕粮运解事宜一直十分关注。从在南京为官到致仕之后，他一直不断地与中央和地方各相关官员交流，表达自己对嘉善或浙西地区漕运各项征解环节的看法与建议。

万历三十五年（1607）十二月，光禄寺寺丞徐必达上疏言浙江、直隶北运白粮迟误的原因和解决办法。徐必达详细列举了解运延迟的原因达十一条，其中一条为"监兑供亿烦费也"，即万历九年（1581）之前，一般由两浙巡盐御史和巡按共同兼管杭州、嘉兴、湖州三府漕粮、白粮的征收起运事

---

① 冯贤亮《明代江南的争田问题——以嘉兴府嘉、秀、善三县为中心》，《中国社会经济史研究》2000 年第 4 期，第 33 页。

宜；九年之后，改为专设一差官负责。然而嘉兴府财政中并没有这项预算，因此，差官的日用薪水、供给吏书的造册纸张等费用，全都加派到白粮水脚银中，徒增了白粮民户不少的负担，也易延误白粮征收起运的时间。徐必达在疏中提出将监兑费用纳入"一条鞭法"统一征收的办法，不得再借此扣除嘉兴、秀水两县的白粮水脚银："嘉兴工费查酌数年监兑册开定数不得多，比照杭湖事例，将嘉兴府属凡有漕粮县，分通融量于条鞭内起征，其嘉、秀二县白粮水脚不得分毫扣用。"① 这是最合适的解决办法，很快即得到皇帝的批准，但当地在实际执行过程中并没有能够落实，水脚银依然被地方官府克扣。对此事，丁宾在给徐必达的信中遗憾而又无奈地说："赖嘉疏条陈甚悉，业已奉旨允行，各地方乃近闻县官扣除如故，痛乎，习俗之移人也。"②

万历中期，丁宾就保持嘉兴、湖州两府"民运免兑"的措施与当时的浙江布政使王畿进行联系。③ 有关北运"解头"水脚银的派发，丁宾在知府吴国仕"对支规则"的基础上提出"贵于一顿，不贵于零碎"的操作原则，主张一次性给"解头"付清，杜绝胥吏的克扣。④ 万历三十八年（1610），丁宾去信嘉善县令徐韶阶，指出粮长运粮时，押单皂吏多诈银两的弊病，希望革去此皂吏，而由各县区头押单，减少不必要的费用。⑤

天启五年（1625），丁宾认为县内仓甲在多年的漕粮兑运事务中与里递熟识，因此建议当时的嘉善县令林先春实行由仓甲而不是粮长来协助催征税粮。⑥

天启末年，已致仕在家的丁宾听闻朝中有人提议，若征解的漕粮质量不好，则于漕规之外多征加耗。丁宾非常不满，致信两浙巡抚张延登，表示若此提议被允，势必勾起漕军多征耗羡的欲望，造成漕军与粮长的争讦，延误

---

① 崇祯《嘉兴县志》卷十《食货志·赋役》"万历三十五年光禄寺丞徐必达奏准浙直北白事宜附"，《日本藏中国罕见地方志丛刊》，第405—406页。

② 《遗集》卷七《与徐玄伏光禄》，《四库禁毁书丛刊》集部第44册，第233页。

③ 《遗集》卷八《复王养初方伯》，《四库禁毁书丛刊》集部第44册，第267页。

④ 《遗集》卷八《与吴长谷公祖》，《四库禁毁书丛刊》集部第44册，第284页。

⑤ 《遗集》卷八《与徐韶阶父母》，《四库禁毁书丛刊》集部第44册，第264页。

⑥ 《遗集》卷八《与林狷庵父母》，《四库禁毁书丛刊》集部第44册，第303页。

漕运，主张应严格遵守漕规，并保障漕粮质量，不可随意更改加耗。①

崇祯三年（1630），因杭、嘉、湖一些州县漕粮逋欠，粮储道官员巡查各县，要求漕粮尽快入仓，命令严苛，还在许多州县笞挞未完粮者，受刑者总计达到一两千人之多。行至嘉善时，丁宾特意在船中设宴亲往迎接，告之粮储道官员说："本邑从无拖欠漕粮之事，且云如有升合不楚，老夫一身全任之。"粮储道官员只得唯唯答应，大致看过仓储后即离开。②丁宾的挺身而出，成功保全了一邑民众免受粮储道的苛责。

除了上述漕运征解事宜外，丁宾对家乡事务的关注点还有很多，如盐课赋税、乡约教化、社会安定等，涉及县政民生的多个方面。

方大镇巡盐浙江时，清理盐课积弊，上疏请求降低盐税，丁宾即去信方大镇，表示他实施的宽恤盐户的措施，减少了奸商豪贾牟利的空间，平稳了盐价，使小民得福，深表赞许。③另一位辖理盐课的巡按杨鹤，严查盐商夹带。丁宾在肯定禁令的同时，提出对夹带盛行原因的看法，即"夹带所以盛行者，以其不待至行盐本地，而即于仪真开包，故得将引内夹带余盐先行偷出，而后乃以正引赴掣，则官虽掣而彼之夹带无从诘矣。且从仪真四路私卖，岐径多而分散，便逻者亦难尽获也"。因此，丁宾建议杨鹤联合各县地方，控制盐商开包的地点，"令所属各县官审定某商正身，料不作弊，方具文申请，台下乃准拨至各商，本县地方始许开包"，从而使"夹带自无所容，可不禁而绝"。④

万历末年开始加派辽饷。崇祯初年，嘉兴和秀水两县获批将漕粮与辽饷统一征派并兑，以减少征运环节和胥吏徇私舞弊。嘉善县令蔡鹏霄向当时督管漕粮的浙江布政司右参政詹应鹏请求，将嘉善辽饷也与漕粮一并总派兑运。丁宾就此事专门致信詹应鹏，希望詹同意蔡鹏霄县令的请求，并尽早发

---

① 《遗集》卷八《与张华东抚院》，《四库禁毁书丛刊》集部第44册，第304页。
② （明）陈龙正《几亭外书》卷四《乡邦利弊考》"请弛潜粮上仓"，崇祯刻本，《续修四库全书》子部第1133册，上海古籍出版社1995年版，第343页。
③ 《遗集》卷八《复方鲁岳盐院·又》，《四库禁毁书丛刊》集部第44册，第270页。
④ 《遗集》卷八《与杨弱水盐院》，《四库禁毁书丛刊》集部第44册，第271页。

下批文执行。①

崇祯四年（1631）前后，十年一次的赋役编审开始，丁宾就均甲均役的实施向县令蔡鹏霄进行建议，指出均役对于均甲的重要性，认为若只均甲而不均役，不仅小民难以受益，富户也会受到损害。因此提议采用可灵活操作的"贴役"一法，并在信中详细说明了给、出贴银的规则，希望达到重役、轻役、中役趋于平等的效果。②

明末，全国动乱频发，丁宾十分注意嘉善地区的安定问题。天启元年（1621），丁宾致仕后不久，山东爆发了徐鸿儒领导的白莲教起义。天启四年（1624）时，嘉善一带又遭水灾，人心不稳。丁宾考虑到疆界交错地区向来是最不稳定和较难治理的区域，自己家正好处于嘉善、吴江交界一带，因此特意致信两县县令，请求在县境交界处的泗洲寺宣讲乡约、申明保甲，防微杜渐，加强社会控制。③崇祯初，在一封给浙西兵备分巡道蔡懋德的信中，丁宾指出嘉善东部与松江接壤的沿海崇阙地区，一直没有驻兵抵御海盗，形势比海盐、平湖两地更加危险，提醒蔡懋德加强这一地区的防御，顷刻不可稍缓。④

天启二年（1622），丁宾捐出腴田百亩，作为嘉善县学生员的廪膳之费。⑤到崇祯二年（1629）时，嘉善县学破旧，乡绅陈龙正与钱士升商议，欲重修学宫。钱士升认为，学校修缮关乎地方文教大事，官员与文人士大夫都应参与，即"率作在长吏，经营在师儒"。修缮县学应该"不支公帑、不劳民力"，由士绅捐助而成。为了鼓动更多的士绅捐助，二人找到德高望重的丁宾表达此意，丁宾慨然出钱，做出表率，其他士绅也纷

---

① 《遗集》卷八《与詹翀南粮道》，《四库禁毁书丛刊》集部第44册，第308页。
② 《遗集》卷八《复蔡培自父母》，《四库禁毁书丛刊》集部第44册，第309页。
③ 《遗集》卷八《与晏玄洲明府》，《四库禁毁书丛刊》集部第44册，第305页。
④ 《遗集》卷八《与詹翀南粮道》，《四库禁毁书丛刊》集部第44册，第308页。
⑤ 光绪《重修嘉善县志》卷五《建置志上·学校》，《中国地方志集成·浙江府县志辑》第19册，第363页。

纷仿效，学宫修缮顺利竣工。①

　　丁氏对嘉善县学（见图 25）的贡献颇大。宣德五年（1430），新县兴建县学时，丁宾的三世祖丁长如即"让祖厅以建明伦堂"。②至清雍正十二年（1734）时，丁宾的曾孙丁桂芳和丁策定二人又于县学内捐建了奎星阁。③

　　据近年嘉善县政府对境内非物质文化遗产的调查，当地普遍流行有这样的说法：丁宾告老还乡后，为了防备水盗来侵犯骚扰，在丁氏家族居住的小

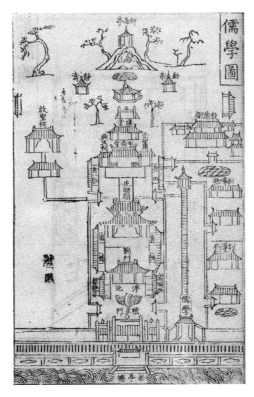

图25　嘉善县儒学
（据万历《嘉善县志》卷二）

①　光绪《重修嘉善县志》卷五《建置志上·学校》，《中国地方志集成·浙江府县志辑》第 19 册，第 359 页。

②　光绪《重修嘉善县志》卷二十二《人物志四·行谊上》，《中国地方志集成·浙江府县志辑》第 19 册，第 666 页。《家乘》卷三《征君丁海鹤公传》（李维桢撰），第 5 页 a。

③　光绪《重修嘉善县志》卷五《建置志上·学校》，《中国地方志集成·浙江府县志辑》第 19 册，第 360 页。

区域东、西、南、北方进出的四条河及中心的河道中建造了河底木栅栏，在河面上建造了五座桥。木栅栏深入水底，且上面布满尖刀，每天三更天亮起栅，傍晚挂灯下栅，保障聚落的安全。五座桥则分别称为东来桥，寓意东京天子来丁栅；南安桥，寓意南面而坐保平安；西成桥，寓意他日西天成正果；北睦桥，寓意北方胡人要和睦；中心桥为丁宅桥，是丁家内河的丁家桥。

这些记载有很多民间传说的成分。考辨史料，正德、万历以及清康熙年间所修的嘉善县志中都没有出现过这些桥的名字，唯有光绪年间《重修嘉善县志》中有接近的记载："丁宅桥，在丁家栅，国朝同治十年邑人丁炳、顾福仁、沈启棠等募资重建。""丁家桥，在中宇圩。""东来桥，在沈香湖，旧名东桥，明万历六年丁衮建。国朝乾隆戊戌朱博文登改木为石头，告成日有二鹤东来飞舞，故名东来。"[1] 其中，东来桥至今仍留有残迹（见图26、28）。桥墩的勒石上，字迹分明（见图27）：

> 嘉兴府嘉善县宋丁五三公十世孙、敕封文林郎句容县知县
> 丁衮建。大明万历六年季夏吉旦立。

万历六年（1578）时，丁宾刚入仕不久，还在句容县任县令，修桥一事由其身在家乡的父亲丁衮负责是很自然的事情。之前的一年，丁衮刚获敕封如子官。[2] 方志中丁宅桥和丁家桥似为两座不同的桥，而当地传说中应指一座。

虽然传说史料记载并不一致，但是二者共同指向这样一个事实：丁宾入仕后，出于交通和安全等因素的考虑，他本人和家族对聚居地进行过整顿改造，而丁氏这样的世代经营也给这一地区烙下了深深的"丁家"痕迹。据20世纪90年代所修的乡镇志记载，"丁家栅"名称的由来即与这一过程密

---

[1] 光绪《重修嘉善县志》卷四《区域志四·桥梁》，《中国地方志集成·浙江府县志辑》第19册，第334页。

[2] 《家乘》卷一《文林郎应天府句容县知县丁宾父母敕命》，第2页a—b。

图26　东来桥残墩
（2018年8月8日笔者摄）

图27　东来桥勒石
（2018年8月8日笔者摄）

切相连：丁宾家属在丁宾进京做官后，在屠家浜北岸（现镇址）占地几十亩，建造府宅，并在东、西、南、北四个河口设置了用于防盗的"栅"，故集镇名丁家栅，至光绪初年形成市镇。① 这也从一个侧面反映出士绅对聚落发展的重要性。

晚明时代，文人结社风气盛行，各类民间结会名目繁多。② 善会、善堂等带有社会福利性质的会社组织大范围出现，其中，同善会是比较突出的一种形式。③

---

① 嘉善县志编纂委员会编《嘉善县乡镇志》，上海三联书店1992年版，第205页。

② 陈宝良《明代的社与会》，《历史研究》1991年第5期，第140—155页。

③ 对同善会最具代表性的研究可见（日）夫马进《中国善会善堂史研究》，伍跃、杨文信、张学锋译，商务印书馆2005年版。

图28　修复后的东来桥（2019年1月22日笔者摄）

　　一般认为，江南地区首倡同善会的是万历年间武进县人张师绎，随之由高攀龙和陈幼学等人在无锡予以实现。但据清代桐乡县人仲宏道在《濮川同善会记》中所言的"溯厥源流，张公梦泽传自中州"，可见张师绎的善会倡议是从河南得到的启发。①

　　从性质上来讲，明末的同善会不是由政府负责举办，而是以地方上比较有名望的士人作为领袖，带动一般百姓组织。除了社会救济外，同善会的组织者还定期发表"讲语"，希望寓教化于救济中，移风易俗，重整社会秩序。②

　　这一时期，无锡、武进、昆山等地相继成立了同善会，而嘉善县的同善会则是其中非常有代表性的一处，它的制度、实施措施相对规范细致，会员众多。从崇祯四年（1631）由嘉善县乡绅陈龙正创立，到十年后统一处理善会各项事务的"同善会馆"落成，嘉善同善会一直是江南发展较好

①　光绪《桐乡县志》卷四《建置中·善堂》，《中国地方志集成·浙江府县志辑》第23册，第179页。（日）夫马进《中国善会善堂史研究》，第79—80页。

②　梁其姿《施善与教化：明清的慈善组织》，台北联经出版社1997年版。

的善会之一。

陈龙正创立同善会时已经四十七岁，虽然有了举人的身份，却没有做官。也许是感到自己的声望和影响力不够大，陈龙正邀请已年届九十高龄的丁宾担任同善会的领袖。

其实，丁宾与陈龙正颇有渊源。陈龙正的父亲陈于王与前文提到的丁宾的好友袁黄是同科进士，陈于王在丁宾之后做过句容县县令，政绩也很好。①丁宾唯一的侄子丁铉还将女儿嫁给了陈龙正，所以陈龙正算是丁宾的侄孙女婿。丁宾还在南京时，便有人称赞陈于王“真修伟节，一言一动，足为后人模范”，又从吴志远处听说龙正风度翩翩，是“凤毛麟趾”之人。②

陈龙正在一封与丁宾的信中，正式做出了邀请：

> 昨邂逅间，见老太翁一念惓惓，无须臾忘田事，而又虚衷无我，商榷同人，谋不轻发，真经纶巨手矣。缅维二十年来，任费劳神，画图刻说，民章帝旨，部覆科参，种种基绪，皆仁人创办。后起之贤，虽极力拮据，总以仰成德意，懋彰鸿功尔。通邑传仰，谁能饰之？某顷向顾、周二老直陈此说，而二老大欢，谓深中情实，又见此两贤之劳而不伐，而太翁积诚凤望，能使分猷者心服也。再启毗陵、锡山间，向有同善会，名周贫人，实劝众人，其事似小，其意仅远，今诸公欲仿而行之，命某题数语于简端，咸谓克勤小善，偏赖硕人，得太翁领袖，则响应者必众，而事亦可久，敢以会式奉尘清览，倘不弃遗，则在事诸公之幸，亦某之幸，尤通邑之幸也。③

---

① 陈于王，字伯襄，别号颖亭，万历十四年（1586）进士，万历二十五年（1597）任句容知县。参见（明）陈龙正《几亭外书》卷三《家载》“父兄实录”，《续修四库全书》子部第1133册，第306—308页。

② 《遗集》卷七《复陈颖亭铨部》，《四库禁毁书丛刊》集部第44册，第235页。

③ （明）陈龙正《几亭全书》卷四十一《上丁大司空改亭翁》，《四库禁毁书丛刊》集部第12册，第404页。

　　崇祯初年，丁宾结束了几十年的仕宦生涯，荣归故里，无论年龄、资历、官职，都是嘉善县无可争议的士绅领袖，而且丁宾一直热心嘉善的经济、社会状况，于赈灾、漕粮、赋役等事项中献力献策，尤其是多次捐赈的经历，也与同善会社会救济的目的比较契合。因此，陈龙正借丁宾的威望来宣传和发展同善会是理所当然的事情。陈龙正所言的丁宾"积诚夙望，能使分献者心服"也确应为事实。丁宾自然答应下来。除了号召外，丁宾也多向善会捐赀，并说："我生平好施，犹是博济，事若同善，则通于立达之旨矣。人已浑融无间，教养总在一心，千古圣学端在于此。"[①]崇祯五年（1632）时，陈龙正邀请钱士升为同善会做会讲，提及丁宾的号召力道："同善会得大司空翁慨倡，合邑景从。"[②]

---

① （清）徐开任《明名臣言行录》卷七十一《尚书丁清惠公宾》，《明代传记丛刊·名人类19》第53册，第771页。

② （明）陈龙正《几亭全书》卷四十一《复钱御冷宗伯》，《四库禁毁书丛刊》集部第12册，第406页。

第七章 代结论："德尊望重"

德纯好施

在好友袁黄的眼中，丁宾是一个低调谨慎、谦逊无争的人，无论是青年时代赶考路上的"恂恂欵欵、不敢先人""恭敬承顺、小心谨畏""受侮不答、闻谤不辨"，还是老年时代在南京相聚时的"言若讷讷"，都应当是丁宾平日待人处事比较真实的写照。

在他人眼中，丁宾也多有"天性德纯"的形象。[1]万历初年，张居正当政下，刑罚严格，"凡狱中大盗以多杀论功"。句容县有囚犯越狱，按照当时的风气，越狱之人一般会被直接杖毙，丁宾却向上级据理力争，称："法司决单一日未到，本犯一日未绝，杀人媚人令不为也。"[2]嘉善同乡支大纶，比丁宾年长几岁，中进士时间则比丁宾晚一科，在万历二年（1574）。据传，支大纶性格矜倨，中进士之后到丁宾家拜访，看到丁宾进士匾额上的名次并不靠前，便讽刺道"四十名外不成进士"。丁宾回答"尚有下第诸公"，并不以为意。[3]

山阴（今浙江绍兴）人刘宗周观察丁宾买田置产的规矩，认为是厚

---

① 《家乘》卷一《资政大夫南京工部尚书丁宾并妻诰命》，第 12 页 a。

② （明）丁元荐《西山日记》卷下《持正》，清康熙二十八年（1689）先醒斋刻本，《续修四库全书》子部第 1172 册，上海古籍出版社 2002 年版，第 360 页。

③ （清）谈迁《枣林杂俎》和集《丛赘·丁宾》，中华书局 2006 年版，第 572 页。

德之法，十分值得仿效。他发现，丁宾添置田地或房产时，必定会详细探访它们的来历。一旦遇到企图交易的产业涉及"兄弟交争，或亲戚相竞，及子盗父业，主占奴产"，丁宾"必正色以伦理谕之，从容解纷，使其相安，赖以和好者甚众"。当确认产业不存在争议时，才"方与成交，银必足色，法照纳官，一并交足"。几年后若行情大涨，卖主来"找价"，丁宾总是不忍心拒绝，必定爽快补偿。①丁宾曾教导门生："产业将贻之子孙，须得之光明，待之仁厚，斯可再之永久。若以产业为冤业，非唯为子孙作马牛，直为子孙作蛇蝎耳。"江南地区土地流转频繁，家族起伏不定，丁宾用一首古诗提醒门生兴衰之无常："一派青山景色幽，前人田土后人收。后人收得休欢喜，还有收人在后头。"②

与天性德纯相关的，是丁宾一生"为善好施"的举动。丁宾家世丰厚，是"富而能施，富始不骄"的典范。③为丁宾作传记的人，都提到丁宾的善行。如，邹漪讲，丁宾"唯好施予不倦"，"平日唯以济时行道为念，于富贵利达泊如也"。④沈国元评论丁宾是"慈仁为质，而于便民利物之事，无不力行"。⑤冯梦龙在笔记小说的"好施"条目下，列有丁宾："（唐代）豆卢琢好施，既为宰相，尝以囊贮钱，自随行施，丐者每出褴褛盈路，近日都御史丁宾亦然。"⑥

丁宾为善好施的行为，在家乡嘉善县践行的最多，像前面已提到万历、天启年间，丁宾在嘉善县及附近地区的多次个人赈灾之举，还有天启初年捐

---

① （明）刘宗周《人谱类记》卷下，《景印文渊阁四库全书》子部儒家类，第717册，台湾商务印书馆1986年版，第245页。

② （清）褚人获《坚瓠集》广集卷一《书劝门人》，李梦生校点，上海古籍出版社2012年版，第896页。

③ （明）董应举《崇相集》书二《答林太华》甲寅，明崇祯刻本，《四库禁毁书丛刊》集部第102册，北京出版社1997年版，第477页。

④ （清）邹漪《启祯野乘二集》卷三《丁清惠传》，清康熙十八年（1679）刻本，《四库禁毁书丛刊》史部第41册，北京出版社1997年版，第103页。

⑤ （明）沈国元《两朝从信录》卷二十八"加原任南京工部尚书丁宾太子太保赐荫建坊褒其好义施仁也"条，明末刻本，《四库禁毁书丛刊》史部第30册，第574页。

⑥ （明）冯梦龙辑《古今谭概》癖嗜部卷九《好施》，明刻本，《续修四库全书》子部第1195册，上海古籍出版社2002年版，第309页。

田助学的事迹。"好行德于乡，老而弥笃"，应当已成为嘉兴府以至江南地区士民对丁宾的一个普遍的印象。朝廷在嘉善县为丁宾"赐荫建坊"，理由也是"褒其好义施仁"。可以说，丁宾的善行，成为他人生的一个重要标签，民间宣讲因果报应常用丁宾做例子："丁清惠救荒，约费三万两，卖尽祖产不彀，又借来补凑，后官到操江，寿百岁，子孙科甲联绵。"①

不仅丁宾有好施的特点，丁氏家族的许多人也是如此。明代前期的丁长如，"每念里中多贫寠者，捐所羡赈之，其丧不能举殡，不能葬者，至鬻己田资之。虽家之盈诎勿计也"。②丁宾的父亲丁衮是好义之人，"悯人之穷，周人之急，方数十里内，贫农蹇贾皆倚之为命"。③丁寅的儿子丁铉，也秉持先辈的传统，"自三党强近而下，闾闬方百里而外，寒施缣、饥赐粟、病赐药、建桥梁、甃道路、纵羽放麟、埋胔瘗骼，推而爨宫，又推而浮屠、老子院刹之属，随问随应，应而不给，孺人捐助橐中装，无惜容"④。

目前尚未见到丁宾自己就"好施"行为的解释。事实上，地方社会中乡绅、富户主动赈灾济贫，是一个普遍的行为，也是广受地方官和百姓认可的善举。如何良俊对乡绅居乡行为的对比：

> 张庄简致仕家居，端重严毅，与亲识少恩。虽宗族亦不肯假借毫发。庄懿官至兵部尚书，以太子少保致仕居家。坦荡和易，不设城府，亲友皆蒙其惠。庄简今子孙单弱，亦无显者。独庄懿子姓繁衍，一女一女孙皆至一品夫人，一曾孙登进士。曾玄孙已四十余，在国学庠序者几十人，郡中称为名族。则知庄简虽持身严正，但保全一己，终鲜及物之仁。⑤

---

① 《太上感应篇直讲》"破人之家、取人财宝"条。
② 《家乘》卷三《征君丁海鹤公传》（李维桢撰），第4页b。
③ 《家乘》卷四《光禄寺署丞清湖丁公行状》（袁黄），第1页a。
④ 《家乘》卷四《光禄谦所丁君元配倪孺人行状》（陈继儒撰），第30页a。
⑤ （明）何良俊《四友斋丛说》卷十六《史十二》，中华书局1959年版，第139页。

在何良俊看来，乡居的士大夫，仅仅持身严正，只是保全了自己一人，而多有善行，能使"亲友皆蒙其惠"，才能最终保佑子孙，获得好报。实际上这种对比正是当时社会所推崇的乡绅应当多行有益于地方百姓之善事的观念写照。

大凡水旱灾害或动荡时期，乡绅、富户的出粟赈济，是补充官府救赈的重要力量。当官府实在无力时，还会强迫大户参与。平日里，诸如养济院、漏泽园、义冢等官方慈善机构的维持和运转，也常需要士绅的捐施。因此，这些为善好施的义举，是地方与国家稳定的基础和重要保障。从地方小民到官府，乡绅、富户的重要性已经是一种共识。对于那些善行表现突出的人，官府还会予以奖励，旌表立坊，像丁宾就多次拒绝了朝廷的褒奖。

丁宾的好施之举，尤其是在灾荒时的赈济，效果立竿见影，能够很快获得百姓与官府的认可，从而在地方社会中建立更高的威望，赢得积极的乡评。

与好施相对应的，是丁宾自身生活的清简。邹漪记载，丁宾"食无重味，一敝冠戴至四十年不易，所居破室以木支撑"。[1] 沈德符描绘得更生动："丁司空改亭，家世富厚，所至皭然不淄。然居处卑陋，坐一柳木椅，挂一粗布橱，数十年不易。几榻尘秽，衫履鹑结，绝似一苦行头陀。"[2] 这种形象，与一个二品大员的身份显然极不相符。也许是记载有所夸张，也许是丁宾刻意营造，无论它们真实与否，都与"好施"的举动形成鲜明的对比，从某种意义上更加凸显了"好施"在世人中的印象。

为官为绅

丁宾生活的晚明，是中国历史上的一个大变局时代。这一历史时期中，社会经济繁荣发展，商品贸易活跃，但同时，明王朝经过约两百年的发展，

---

[1] （清）邹漪《启祯野乘二集》卷三《丁清惠传》，《四库禁毁书丛刊》史部第41册，第103页。

[2] （明）沈德符《万历野获编》卷十二《士大夫癖性》，中华书局1959年版，第315页。

也积累下众多的弊政，社会矛盾突出，亟待各层面的补救与改革。丁宾以出众的政绩和社会贡献获得了同僚和后人很高的评价。清初有人在拜谒了丁宾墓之后，写下这样两句话："剑锋威辑江边旅，钟粟恩周境内民。"①可谓是高度概括出了丁宾一生在国家和地方中的功绩。

丁宾自隆庆五年（1571）入仕，经句容知县、御史、南京大理寺、南京太常寺、南京鸿胪寺、南京都察院，以至南京工部，在天启元年（1621）致仕，历四位皇帝。近五十年的宦海沉浮，不可谓不长。

入仕之初，丁宾尚不到三十岁。六年的句容知县和一年的御史之后，仕途正要迈向上升的正轨，不料却遭遇刘台贪污一事，因为拒绝张居正的安排，丁宾得罪了这位"权相"。接着，丁衮去世，丁宾按制回乡为父亲丁忧，就此沉寂近二十年。其间有不只一次的起复机会，万历十四年（1586）和十七年（1589），两次北上复职的途中，都因患病而作罢。当万历十七年再一次因痰火旧疾病倒在常州无锡县后，丁宾萌生了致仕的念头。②万历十九年（1591），再次起复时又逢母亲去世而再度丁忧。万历二十六年（1598），调任南京大理寺丞，丁宾又两度以身体不好为由上疏乞休。此时，丁宾已经五十六岁，早已过了年富力强的时期。虽然这近二十年的乡居中，丁宾多次因为生病耽误了复职，但其中想必多少也会有一些远离朝堂的心思吧，并且，从此后的官僚生涯和选择来看，丁宾也没有表现出在朝堂积极进取的意图。

在官场几十年，丁宾的政绩得到时人和后世诸多的积极评价。万历皇帝在四十五年（1617）、四十六年（1618），分别以"素有清望""清谨任事"之言挽留试图致仕的丁宾。③董其昌与丁宾兄长丁寅相熟，称丁宾"不借口江陵以博名高"，是有"真气节"，而又"不借口经济以希速化"，是有"真

---

① 光绪《重修嘉善县志》卷四《区域志四·塚墓》，《中国地方志集成·浙江府县志辑》第 19 册，第 340 页。

② 《遗集》卷一《告期限满中途乞休疏》，《四库禁毁书丛刊》集部第 44 册，第 12—13 页。

③ 《遗集》卷四《二品给由谢恩乞休疏》，《衰病三恳放归田里疏》，《四库禁毁书丛刊》集部第 44 册，第 119、124 页。

事功"。董其昌还引他人的论赞，形容丁宾"清似胡威，俭似晏婴，勤恪似陶侃，救荒似富郑，公至诚不欺，似司马君"，这一切可以一言以蔽之，即丁宾如子游所言，"君子学道则爱人"。① 张岱记故老所言，称丁宾"一以和煦待人，凡莱傭厮养，无不呼与剧谈，一闻民隐，辄毅然为之，不避权贵"。见到丁宾祠前祭拜的男女老幼，张岱不禁感叹"人亦何靳，而不为好官哉"，对丁宾极尽赞誉，将他与巡抚江南的名臣周忱相提并论："世之能以刚柔相济者，周忱以后指不多屈矣。"②

万斯同概括丁宾在南京三十年，"持身清简，加意贫民"。③ 清朝官修的《明史》中将丁宾与袁洪愈、王廷瞻、郭应聘、耿定向、魏时亮等曾在南京为官的人列在一卷，指出，尽管南京只是"养望之地"，在南京做官实际上是"体貌尊而官守无责"，那些"强直无所附丽，不为执政所喜"的人才会被远派到南京，但是，这些官员仍然能够坚持操守，"以清强居优闲之地，不竟其用，亦以自全"，十分难得，远胜诸多"冒进之徒"。④曾同在南京的李廷机问过丁宾：在留都南京做了这么长时间的官，是否有想过在官位上更进一步，到北京去呢？丁宾则回答："每读《孟子》'历年多，施泽于民久'，话头心精于此，最称悟入，久在南中实谓遭际，非恒，愈自勉励，那得北京入我梦想。"徐开任记下了这段对话后，评价道"是以军民万姓戴公如父母"。⑤丁宾曾对朱国祯有言："早用十年，干许多勾当，今老

① （清）徐开任《明名臣言行录》卷七十一《尚书丁清惠公宾》，《明代传记丛刊·名人类19》第53册，第772页。

② （清）张岱《石匮书》卷一百九十七《循吏列传·丁宾》，南京图书馆藏稿本，《续修四库全书》史部第320册，上海古籍出版社2002年版，第38页。

③ （清）万斯同《明史》卷三百三十六《列传一百八十七·丁宾》，上海古籍出版社2008年版，第7册，第66页。

④ 《明史》卷二百二十一《丁宾列传》，第5830页。

⑤ （清）徐开任《明名臣言行录》卷七十一《尚书丁清惠公宾》，《明代传记丛刊·名人类19》第53册，第771页。

且惫矣。"① 其中的一丝无奈也十分容易品出。

天启元年（1621）一月，福建道御史倪应眷参劾丁宾，皇帝批复，丁宾是"四朝耆旧，不必苛求"。② 倪御史参论的内容尚不可知，但从皇帝的批复来看，应当确有所指，只是没有追究罢了。三个月后，丁宾致仕。

在嘉善县，以及更大的江南地区，士绅阶层于很大程度上掌控着地方社会的局势。他们在家乡地域社会中的积极活动和有效运作，对稳定社会秩序、促进经济发展，发挥了极其重要的作用，进而也为王朝的平稳延续做出了贡献。同时，士绅的功名和官职皆由朝廷赋予，他们在地方社会中的力量，仍可看作是国家垂直控制体系的延伸。借由士绅的作用，国家对基层社会的管理控制得以很好地实现。

丁宾壮年进士及第，官终二品，是晚明江南地区典型的高品级士绅。科考的经历以及长期的仕宦生涯使丁宾的社会交往遍及从朝廷中央到地方的各级官员，可以利用、联络的社会网络十分广大。在外做官的几十年中，丁宾依然能够参与到家乡社会各领域的事务中，甚至还因为居官的身份而处理起来更加得心应手。例如区域赈灾和嘉兴府三县争田的事件，丁宾并没有身在嘉善，但他借助社会网络在其中上下沟通、自由斡旋而产生的作用与效果，是乡村普通富户，以及许多乡居或身份地位较低的士绅难以企及的。

科名的高低、官职的大小、经历的差异，必然会影响到士绅阶层在地方社会的行为方式。比如与创办同善会的陈龙正相比，丁宾在维护地方社会利益时可以联络的人际关系层级显然更高，对于嘉善知县及更高地方官的话语权也更大。这与丁宾更高的官阶和更久的出仕时间是分不开的。现代社会学的"社会资本"理论已指出，社会联系和社会关系对目标的实现有着重要的作用，即行动的成功与社会资本成正比。社会资本由嵌入在个人的网络和联系中的资源组成。在社会结构等级中，层级越高，对有价值

---

① （明）朱国祯《涌幢小品》卷十七《许敬庵先生》，王根林校点，上海古籍出版社 2012 年版，第 322 页。

② 《明熹宗实录》卷五，"天启元年正月癸酉"条。

资源获取和控制的机会也就越大。① 当然，机会大小与实际效果并不必然画等号，但科名与官阶的差异，在分析士绅阶层的行为和作用时，仍然是需要考虑的因素。

丁宾官至南京工部尚书，算得上是朝廷大员，但因常年身处南京留都，并未能像徐阶、张居正等人那样，凭借卓越的政治天赋和各种从政机缘真正接近王朝权力的核心。同时，他也没有如高攀龙、顾宪成等人那般，能够在朝外挥斥方遒、一呼百应。与这些人相比，丁宾在当时显得并不耀眼。但也正因如此，他可以作为当时大多数官绅人生轨迹的代表——读书、科考、入仕，逐步从低层官吏向上层攀行，年老后则致仕返乡，仿佛没有太多的波澜曲折——这是传统时代绝大多数士人都可能经历的仕途生活。

嘉善"奇杰"

嘉善县虽只是蕞尔小县，建县时间又晚，但晚明时代，除了丁宾，县境内还集中涌现了许多位著名的人物（其中的一些人在前文叙述中已出现），他们在晚明的历史大舞台上，在人文荟萃的江南社会，展示其人生价值、风华才情和人格魅力，占有着江南文化重要的一席之地。譬如：

袁黄，字坤仪，号学海、了凡。从袁黄曾祖时代，袁家开始世代业医。父亲袁仁，虽是布衣，但交际广泛，既有官场中人（如顾璘），也有蜚声江南的众多文人，密切交往者像沈周、文徵明、唐寅、徐祯卿、何良俊、王宠等。凭借与这些"核心"人物的交往，袁仁在江南社会中建立起自己的社会声望。② 万历十四年（1586），袁黄考中进士，做过宝坻知县，万历二十一年（1593）便退休致仕。回乡之后，袁黄参与了知县章士雅主持的《嘉善县志》的编纂工作。袁黄还热衷于编纂科举考试用书，这些书深受市场欢迎，在

---

① （美）林南《社会资本——关于社会结构与行动的理论》，张磊译，上海人民出版社2005年版。

② 冯贤亮《布衣袁仁：晚明地方知识人的生活世界》，《学术月刊》2018年第8期。

士子中也产生了很大影响。在主流儒家传统下，袁黄的思想极具个性，《了凡四训》所反映的功过格理论，张扬了佛教因果报应的思想，但同时也影响了晚明的慈善组织。袁黄在民间有很高的声望，士人圈中更具广泛的影响力。其子袁俨是天启五年（1625）进士。①

钱士升，字抑之，号御冷、塞庵，是万历四十四年（1616）的状元，历官翰林院编撰、南京少詹事、南京礼部右侍郎、礼部尚书兼东阁大学士，崇祯七年（1634）入内阁，崇祯九年（1636）致仕。他的弟弟士晋，万历四十一年（1613）进士，比哥哥早一科，曾任云南巡抚。士升子棨，字仲驭，崇祯十年（1637）进士，尚不满二十岁，做过南京兵部职方主事，后升吏部郎中。士晋子栴，字彦林，号檀子，崇祯六年（1633）乡试中举，复社成员。钱栴子默，字不识，崇祯十六年（1643）进士，年仅十五岁，明亡之前任嘉定县知县。易代之际，钱棨、钱栴兄弟在长白荡一带屯兵抗清，最终殉难。②

魏大中，字孔时，号廓园，万历三十九年（1611）执弟子礼于高攀龙，四十四年（1616）中进士，做过行人司行人，工科、礼科、户科给事中，以及吏科都给事中等官。虽然职位不高，但魏大中与杨涟、左光斗、袁化中、周朝瑞和顾大章，并列为"东林前六君子"，名扬天下。魏大中为人刚正，疾恶如仇，杨涟发布弹劾魏忠贤的二十四条大罪后，魏大中积极响应，后在魏忠贤的主导下被罢官。天启五年（1625）四月二十四日，锦衣卫赴嘉善逮捕魏大中，全县数千百姓号泣为他送行。行至苏州，周顺昌登船问候，定下儿女之约，以示敬重。高攀龙在平望镇和无锡高桥两次迎候送别。押解至北京后，魏大中被严刑拷打，惨不忍睹，死时面目已不可认。崇祯十年

---

① （日）酒井忠夫《中国善书研究》（增补版），江苏人民出版社 2010 年版。（美）包筠雅《功过格：明清社会的道德秩序》，浙江人民出版社 1999 年版。张献忠《袁黄与科举考试用书的编纂——兼谈明代科举考试的两个问题》，《西南大学学报》2010 年第 3 期。冯贤亮《袁黄与地方社会：晚明江南的士人生活史》，《学术月刊》2017 年第 1 期。

② 光绪《重修嘉善县志》卷十九《人物志·宦业》、卷二十《人物志·忠义》，《中国地方志集成·浙江府县志辑》第 19 册，第 607、634—635 页。

（1637），魏大中终受追抚，谥忠节，其长子学洢因救父之举，被诏旌孝子。嘉善县城中敕建有忠孝祠和"忠臣孝子"牌坊。魏大中之子学濂，少年才子，且多才多艺，受到黄宗羲的推崇，崇祯十六年（1643）中进士。①

陈龙正，字惕龙，号几亭，家居县内最大的胥五区。父亲陈于王，号颖亭，万历十四年（1586）进士，做过句容知县，与丁宾同列句容名宦中，后官至福建按察使。陈龙正与魏大中是同学，也拜高攀龙为师。天启元年（1621），陈龙正中顺天乡试经魁（第三名），崇祯七年（1634）中进士。初谒选中书舍人，后历官南京国子监丞。虽然仕途并不得意，但陈龙正积极言事，多次上书劝谏。嘉善县的事务，陈龙正更是热心，对当地政事产生了深刻的影响。诸如江南重赋、灾害救济、三县争田、捕盗安民等方面，陈龙正发表了众多的意见和建议，留下大量文字。崇祯四年（1631）创建嘉善同善会，发表"讲语"五十多次，兼救赈贫民与乡约教化之责。②

此外，明亡之前，还有像万历二年（1574）的进士支大纶、万历十六年（1588）举人吴志远、崇祯元年（1628）进士曹勋活跃在县域中。③

这些人生活年代相近，彼此之间形成错综复杂又紧密的关系网络。如袁黄和陈于王是科举同科，魏大中与钱士升也是同科。如前所述，丁宾的妻子是吴志远的姑母，丁宾的侄孙女嫁给了陈龙正。陈龙正的女儿则嫁给了钱棅。袁家在袁黄祖父时就已经与钱家结亲，袁黄的独子袁俨娶了陈于王的女儿。魏学濂遵从父亲的安排，娶陈龙正之兄陈山毓的女儿为妻。曹勋的长孙娶陈龙正的孙女为妻，曹勋第五子的女儿，则嫁与钱棅的儿子为妻。支大纶的儿子娶了曹家的女子。④ 这些交游和姻亲组成的关系网络，勾连起了各家族的

---

① 李勇《魏大中评传》，上海三联书店2018年版。

② 冯贤亮《陈龙正：晚明士绅生活的一个侧面》，《浙江学刊》2001年第6期；冯贤亮《明末江南的乡绅控制与农村社会——以胥五区为中心》，《吉林大学社会科学学报》2018年第5期。

③ 光绪《重修嘉善县志》卷十九《人物志·宦业》、卷二十《人物志·理学》，《中国地方志集成·浙江府县志辑》第19册，第604、632页。

④ 冯贤亮《脉络、姻亲与举业：明清之际的嘉善曹氏家族》，《史林》2018年第3期。

物质财富、名气声望和文化传统，进一步抬升了各家族的社会地位和影响力。

丁宾在其中，算年纪较长的一代，入仕的时间也较早。上述诸人都在万历朝或之后才迈向仕途。从嘉善地方社会的角度看，丁宾长寿，活跃的时期从隆庆末年延续到崇祯初年，当上述诸人在万历、天启、崇祯年间纷纷登科走上地方社会的中心时，丁宾是他们在官场的前辈，也是在乡间倚重的对象。陈龙正颂扬丁宾曰："居官居乡孜孜以干实事为主，菲食恶服，而值凶年，曾舍万金，行年九十，乃心民庶，时谒当道，为闾阎请命，不辞劳、不惮远、性不饮酒、不作乐、不出游，虽处鼎贵，俨如一乡里朴实农夫，率其质性。"①

不过，丁宾个性温和，不像魏大中那般激烈，做官一直在南京，不像钱士升官拜阁臣、接近中枢，唯有行善好施一项，非常突出。晚明嘉兴府平湖县人赵维寰列举了嘉善县中算得上"达称天下士，处称乡先生"的"奇杰"人物。他称魏大中"直节清风，一门忠孝"，钱士升"力赞均里，造福素梓"，称吴志远"恬淡无营，修然自远"，称丁宾一生"倾赀赈施，到老不倦"。②后来，嘉善县建祠祀乡贤名宦，丁宾与袁黄、魏大中、钱士升、曹勋被奉入鹤湖书院中的五贤祠，视以"德尊望重"的乡宦。③

丁宾年轻时艰于子嗣，四十九岁时才有了长子丁镛，后又添丁镶、丁钫两子，另有一子幼年夭折。个性谨慎的丁宾对儿子的管教算得上严格，尤其不允许尚未入仕的儿子"干谒有司"。据称青浦有一富室人家自称受诬，用重金贿赂丁宾的儿子帮忙向官府说情，丁宾听说之后大怒，杖责了儿子，并将钱还给了该富室。④三个儿子得益于丁宾的恩荫，有机会在南京国子监读书待考。不过，只有次子丁镶考中了一个副榜贡生的功名，迁延至明亡仍没有突破，易代之后遂绝意仕途。其他两个儿子也都无所成就。长子丁镛，天启元年（1621）随丁宾北上入贺新帝登极，路途中生病，遂至不起，

① （明）陈龙正《几亭外书》卷二《无事可为之害》，《续修四库全书》第1133册，第276页。

② （明）赵维寰《焚余续草》卷一《随笔类·武塘》，明崇祯刻本，《四库禁毁书丛刊》集部第88册，北京出版社1997年版，第620页。

③ 嘉庆《嘉善县志》卷六《典秩志上·祠祀》，嘉庆五年（1800）刻本，第216页。

④ （明）丁元荐《西山日记》卷下《庭训》，《续修四库全书》子部第1172册，第349页。

年仅三十一岁。① 民间还有丁宾的儿子们佞佛的传言。② 丁宾兄长的儿子丁铉，也仅捐了一个光禄寺署丞的头衔。

入清之后，康熙二十七年（1688），丁宾的曾孙丁棠发考中进士。据说已有许多年都不筑巢于"三问堂"之上的鹳雀这一年忽然复来，似乎预示着丁氏将再现晚明时代的辉煌。③ 不过，丁棠发仅官至监察御史，无论他个人还是整个丁氏家族的地位与影响力，都远逊于丁宾的时代。而成为香湖丁氏家族的象征、晚明又被董其昌绘入画中的黄梅树，在康熙朝之后竟也"株朽无存"。丁氏家族其实并没有放弃再图攀升的努力，丁氏后人一直在参与科举考试，还特意向清前期的山水画大家李世倬索取了一幅新的黄梅图。④ 嘉庆年间，同邑的钱星查在《竹枝词》中写道："沈香湖畔草堂开，一树黄梅著意栽。但得旧庐常世守，他年鹳鹤定重来。"⑤ 其中表达着对丁氏家族再现辉煌的祝愿。但遗憾的是，这一期待并没有实现。毫无疑问，丁宾是嘉善香湖丁氏家族绵延中的最高峰。

总而言之，丁宾近一个世纪的悠长人生，不仅照亮了香湖丁氏家族，令沉香荡畔这个并不算庞大的家族走进了时人和后人的视野，更见证、参与了晚明嘉善县"奇杰"荟萃的荣耀历史。而若在王朝国家与地方社会的视角下，丁宾以乡绅身份在嘉善县所展开的赈灾、争田等活动，尤其其中对人际网络的应用，还可以为研究江南士绅于地域社会中影响力的发挥与官阶大小、"在地"与否的相关性，提供更多的思考。

---

① 《家乘》卷四《伯父九章公传》（丁裔沆撰），第 32 页 b—33 页 a。

② （清）钮琇《觚剩》卷二《吴觚中》，康熙临野堂刻本，《续修四库全书》子部第 1177 册，上海古籍出版社 2002 年版，第 20 页。

③ （清）曹庭栋《产鹤亭诗·魏塘纪胜》"鹳巢"条，清乾隆刻本，《四库全书存目丛书》集部第 282 册，第 191 页。

④ （清）钱载《蒋石斋文集》卷十《黄梅花图记》，清乾隆刻本，《续修四库全书》集部第 1443 册，上海古籍出版社 2002 年版，第 410 页。

⑤ 光绪《重修嘉善县志》卷三《区域志三·古迹》，《中国地方志集成·浙江府县志辑》第 19 册，第 66 页。

丁宾大事年纪

1543 年，明嘉靖二十二年，1 岁

丁宾出生

1560 年，嘉靖三十九年，18 岁

考中秀才

1564 年，嘉靖四十三年，22 岁

考中举人

1566 年，嘉靖四十五年，24 岁

王畿在平湖天心精舍与丁宾等八人定下"天心盟约"

1571 年，隆庆五年，29 岁

考中进士

1574 年，万历二年，32 岁

授官南直隶应天府句容县知县

1575 年，万历三年，33 岁
迎王畿到句容县句曲山下，集诸生百数十人开心学讲会
治理句容县盐业市场

1576 年，万历四年，34 岁
为句容县岁积仓建官房
增建句容县义冢

1577 年，万历五年，35 岁
治理句容县林泉乡圩田
与周围州县约禁妇女上茅山拜神

1580 年，万历八年，38 岁
改授山东道御史
拒绝张居正委派去辽东坐实刘台贪污的要求
上《恭查光禄库银岁额不登恳乞存留并容酌议财用疏》

1581 年，万历九年，39 岁
父亲丁衮去世，丁忧回乡

1586 年，万历十四年，44 岁
居乡，拒绝起复

1589 年，万历十七年，47 岁
居乡，拒绝起复
上《告期限满中途乞休疏》
嘉善受灾，捐米、布、絮和钱等，共有三万多两
向吴江、青浦两地捐米两万石

1591 年，万历十九年，49 岁

起复为江西道御史，恰逢第二年继母去世，再次丁忧

长子丁镛出生

1597 年，万历二十五年，55 岁

次子丁镶出生

1598 年，万历二十六年，56 岁

起复为南京大理寺右寺丞

上《赴任大理临行请致疏》

1599 年，万历二十七年，57 岁

上《恳念留都枢要停止编审铺行疏》

上《疾发乞赐调养疏》

1601 年，万历二十九年，59 岁

三子丁钫出生

1602 年，万历三十年，60 岁

上《考满事竣病作乞准休致疏》

1603 年，万历三十一年，61 岁

转南京太常寺少卿

1604 年，万历三十二年，62 岁

向吴江、青浦两地捐米一万五千石

1606 年，万历三十四年，64 岁
先改南京鸿胪寺卿，后升任南京都察院右佥都御史提督操江

1607 年，万历三十五年，65 岁
上《留都总宪久缺乞赐点补疏》
上《留都缺人乞赐改补行取疏》
上《御史孙居相病危代题疏》
上《擒获妖犯乞正典刑疏》
上《留台总宪员缺乞赐点补疏》

1608 年，万历三十六年，66 岁
江南大水灾，联合朱国祯、周孔教等周边地区官绅共同赈灾
委托侄子丁铉在嘉善代办救荒事宜
上《擒获妖党乞正法并叙效劳官员兼陈善后要领疏》
上《水患乞点补台臣疏》
上《查照部咨代请屯灾疏》

1609 年，万历三十七年，67 岁
推行南京总甲雇役改革
上《乞照例敕修留台疏》
上《御史汪怀德病危代题疏》
上《查参江防溺职疏》
上《六年考满给由疏》

1610 年，万历三十八年，68 岁
上《催补留都大僚疏》
上《征钱雇募总甲以苏军民重困疏》
上《考选军政官员疏》

1611 年，万历三十九年，69 岁

遭遇南京城市骚乱

上《再沥自陈疏》

上《严禁武弁驿扰议催柴直银两疏》

上《乞免纪录奖赈疏》

上《留都钱法大坏疏》

1612 年，万历四十年，70 岁

升工部左侍郎，以年老多病为由婉拒

上《引年乞休致疏》

上《年终举劾武职疏》

上《船政催征不宜兼摄疏》

上《再乞休致疏》

上《岁终类报功次叙录文武职官疏》

上《四品九年给由疏》

1613 年，万历四十一年，71 岁

改升南京工部尚书，仍留在南京

上《保留府佐官员疏》

上《循例荐举方面官员疏》

上《循例荐举有司官员疏》

上《循例举劾武职官员疏》

上《升任恳乞休致疏》

上《再恳休致疏》

上《辞免新命疏》

1614 年，万历四十二年，72 岁

上《到任谢恩疏》

上《地方灾伤乞酌量蠲免疏》

上《修理桥梁疏》

上《请给督册关防疏》

1615 年，万历四十三年，73 岁

大规模疏浚南京城内河道

上《留都武弁穷极堪怜乞赐议处袭替疏》

上《修理殿房以崇奉祀疏》

上《恳怜织造苦役归并苏困疏》

上《报完桥工疏》

上《殿房修理报完疏》

上《开浚河道以疏地脉疏》

1616 年，万历四十四年，74 岁

上《报完开浚河道疏》

1617 年，万历四十五年，75 岁

嘉兴、秀水和嘉善三县进行田土会勘后，发生"鼓噪""割册"之乱，丁宾被目为背后的指使者

上《二品给由谢恩乞休致疏》

1618 年，万历四十六年，76 岁

上《查核课银举劾以肃芦政疏》

上《衰病再恳休致疏》

上《衰病三恳放归田里疏》

上《凑处辽饷以重边计疏》

1619 年，万历四十七年，77 岁

上《衰病四乞休致疏》

上《病困乞骸骨疏》

上《六恳放还疏》

上《七恳允赐骸骨疏》

1620 年，万历四十八年 / 泰昌元年，78 岁

向吴江、青浦两地捐米一万石

授太子少保衔

上《剧病八恳速放疏》

上《危困九恳允放疏》

上《庆贺礼竣病增乞赐休致疏》

1621 年，天启元年，79 岁

以太子少保南京工部尚书之职致仕

上《二品再考乞收恩命准休致疏》

上《恭谢天恩疏》

上《衰病妨贤乞容休致以便补官疏》

1622 年，天启二年，80 岁

捐腴田百亩，作为嘉善县学生员的廪膳之费

1624 年，天启四年，82 岁

妻子吴氏去世

向吴江、青浦两地捐米六千石

上《尊例乞恤典疏》

1625 年，天启五年，83 岁

受存问

上《存问谢恩疏》

1626 年，天启六年，84 岁

上《赈饥辞免晋秩建坊疏》

上《再辞优异天恩疏》

上《循例捐俸助大工疏》

1629 年，崇祯二年，87 岁

应陈龙正、钱士升之请，捐钱修缮县学学宫

1631 年，崇祯四年，89 岁

应陈龙正之邀，担任嘉善县同善会的领袖

受存问

上《再被存问陈谢疏》

1632 年，崇祯五年，90 岁

受存问

上《三荷特恩存问陈谢疏》

1633 年，崇祯六年，91 岁

卒，追赠太子太保衔

主要参考文献

一、传统文献

1.（崇祯）《嘉兴县志》，明崇祯十年刻本，《日本藏中国罕见地方志丛刊》，书目文献出版社 1991 年版。

2.（光绪）《嘉兴府志》，清光绪四年刻本，《中国地方志集成·浙江府县志辑》第 12—14 册，上海书店 1993 年版。

3.（光绪）《嘉兴县志》，清光绪三十四年刻本，《中国地方志集成·浙江府县志辑》第 15 册，上海书店 1993 年版。

4.（光绪）《青浦县志》，清光绪四年刻本，《中国地方志集成·上海府县志辑》第 6 册，上海书店 1991 年版。

5.（光绪）《桐乡县志》，光绪十三年刻本，《中国地方志集成·浙江府县志辑》第 23 册，上海书店 1993 年版。

6.（光绪）《吴江县续志》，清光绪五年刻本，《中国地方志集成·江苏府县志辑》第 20 册，江苏古籍出版社 1991 年版。

7.（光绪）《续纂句容县志》，清光绪三十年刻本，《中国地方志集成·江苏府县志辑》第 35 册，江苏古籍出版社 1991 年版。

8.（光绪）《重修嘉善县志》，清光绪十八年重修、民国七年重印本，《中国地方志集成·浙江府县志辑》第 19 册，上海书店 1993 年版。

9.（弘治）《句容县志》《天一阁藏明代方志选刊》第 11 册，上海古籍书店 1981 年版。

10.（嘉靖）《江阴县志》，明嘉靖二十七年刻本，《无锡文库》第一辑第一册，凤凰出版社 2011 年版。

11.（嘉庆）《湖北通志检存稿》，民国十一年刻章氏遗书本，《续修四库全书》史部第 660 册，上海古籍出版社 2002 年版。

12.（嘉庆）《嘉善县志》，嘉庆五年刻本。

13.（嘉庆）《新修江宁府志》，光绪六年刊本。

14.（康熙）《桐城县志》，清康熙二十二年增刻本之抄本，《中国地方志集成·安徽府县志辑》第 12 册，江苏古籍出版社 1998 年版。

15.（康熙）《秀水县志》，清康熙二十四年刻本，《中国地方志集成·浙江府县志辑》第 31 册，上海书店 1993 年版。

16.（康熙）《重修嘉善县志》，清康熙十六年刻本。

17.（明）陈继儒《白石樵真稿》，明崇祯刻本，《四库禁毁书丛刊》集部第 66 册，北京出版社 1997 年版。

18.（明）陈建撰，沈国元补订《皇明从信录》，明刻本，《四库禁毁书丛刊》集部第 1 册，北京出版社 1997 年版。

19.（明）陈龙正《几亭全书》，清康熙刻本，《四库禁毁书丛刊》集部第 12 册，北京出版社 1997 年版。

20.（明）陈龙正《几亭外书》，明崇祯刻本，《续修四库全书》子部第 1133 册，上海古籍出版社 1995 年版。

21.（明）丁宾《丁清惠公遗集》，明崇祯刻本，《四库禁毁书丛刊》集部第 44 册，北京出版社 1997 年版。

22.（明）董应举《崇相集》，明崇祯刻本，《四库禁毁书丛刊》集部第 102 册，北京出版社 1997 年版。

23.（明）丁元荐《西山日记》，清康熙二十八年先醒斋刻本，《续修四库全书》子部第 1172 册，上海古籍出版社 2002 年版。

24.（明）方大镇《宁澹居奏议》，清光绪十四年刻本。

25.（明）顾起元《客座赘语》，南京出版社 2009 年版。

26.（明）顾炎武《天下郡国利病书》稿本，《续修四库全书》史部第596册，上海古籍出版社2002年版。

27.（明）海瑞《备忘集》，《景印文渊阁四库全书》集部第1286册，台湾商务印书馆1986年版。

28.（明）胡我琨《钱通》，《景印文渊阁四库全书》史部第662册，台湾商务印书馆1986年版。

29.（明）黄汴《一统路程图记》，收入杨正泰《明代驿站考》，上海古籍出版社1994年版。

30.（明）黄景昉《国史唯疑》，上海古籍出版社2002年版。

31.（明）黄宗羲《明儒学案》，中华书局1985年版。

32.（明）李廷机《李文节集》，明末刻本，《四库禁毁书丛刊》史部第44册，北京出版社2000年版。

33.（明）李维桢《大泌山房集》，明万历三十九年刻本。

34.（明）钱士升《赐馀堂集》，清乾隆四年刻本，《四库禁毁书丛刊》集部第10册，北京出版社1997年版。

35.（明）沈国元《两朝从信录》，明末刻本，《四库禁毁书丛刊》史部第30册，北京出版社2000年版。

36.（明）施沛《南京都察院志》，明天启刻本，《四库全书存目丛书补编》第73—74册，齐鲁书社1997年版。

37.（明）王畿《王畿集》，凤凰出版社2007年版。

38.（明）谢肇淛《五杂俎》，中华书局1959年版。

39.（明）徐弘祖《徐霞客游记校注（增订本）》，朱惠荣校注，云南人民出版社1985年版。

40.（明）徐象梅《两浙名贤录》，明天启刻本，《北京图书馆古籍珍本丛刊》第17册，书目文献出版社1987年版。

41.（明）叶向高《苍霞续草》，明万历刻本，《四库禁毁书丛刊》集部第125册，北京出版社1997年版。

42.（明）袁黄《了凡四训》，中华书局2008年版。

43.（明）袁黄《两行斋集》，清初刻本。

44.（明）赵维寰《焚余续草》，明崇祯刻本，《四库禁毁书丛刊》集部第88册，北京出版社1997年版。

45.（明）周晖《二续金陵琐事》，南京出版社2007年版。

46.（明）周晖《金陵琐事》，南京出版社2007年版。

47.（明）周晖《续金陵琐事》，南京出版社2007年版。

48.（明）周孔教《周中丞疏稿》，明万历刻本，《四库全书存目丛书》史部第64册，齐鲁书社1996年版。

49.（明）朱国祯《涌幢小品》，王根林校点，上海古籍出版社2012年版。

50.（明）朱国祯《朱文肃公集》，清抄本，《续修四库全书》集部第1366册，上海古籍出版社2002年版。

51.（乾隆）《句容县志》，清光绪二十六年刻本，《中国地方志集成·江苏府县志辑》第34册，江苏古籍出版社1991年版。

52.（清）褚人获《坚瓠集》，李梦生校点，上海古籍出版社2012年版。

53.（清）丁桂芳、丁策定《香湖丁氏家乘》，乾隆三年刻本，《中国国家图书馆藏早期稀见家谱丛刊》，线装书局2002年版。

54.（清）顾公燮《消夏闲记摘抄》，涵芬楼秘籍本。

55.（清）黄六鸿《福惠全书》，清康熙三十八年刻本，《官箴书集成》（第三册），黄山书社1997年版。

56.（清）姜宸英《江防总论》，《丛书集成初编》，中华书局1991年版。

57.（清）刘宗周《刘宗周全集》，浙江古籍出版社2007年版。

58.（清）钱载《箨石斋文集》，清乾隆刻本，《续修四库全书》集部第1443册，上海古籍出版社2002年版。

59.（清）谈迁《枣林杂俎》，中华书局2006年版。

60.（清）万斯同《明史》，上海古籍出版社2008年版。

61.（清）徐开任《明名臣言行录》，《明代传记丛刊》，台北明文书局1991年版。

62.（清）张岱《石匮书》，稿本，上海古籍出版社2008年版。

63.（清）张廷玉等《明史》，中华书局 2011 年版。

64.（清）邹漪《启祯野乘二集》，清康熙十八年刻本，《四库禁毁书丛刊》史部第 41 册，北京出版社 1997 年版。

65.（万历）《重修嘉 善县志》，明万历二十四年刻本。

66.（万历）《应天府志》，明万历五年刻本，《金陵全书》甲编第 9 册，南京出版社 2011 年版。

67.（万历）《重修嘉善县志》，万历二十四年刻本。

68.（雍正）《续修嘉善县志》，清雍正十二年刻本，《中国地方志丛书》，台北成文出版有限公司 1983 年版。

69.（雍正）《宁波府志》，清道光二十六年刻本，《中国地方志集成·浙江府县志辑》第 30 册，上海书店 1993 年版。

70.（正德）《嘉善县志》，抄本。

71.（正德）《江宁县志》，明正德刻本。

72.《大明律》，北京法律出版社 1999 年版。

73.《江苏省地志》，民国二十五年铅印本，《中国方志丛书》，成文出版社 1983 年版。

74.《明会典》（万历朝重修本），中华书局 1989 年版。

75.《明实录》，台北"中研院"历史语言研究所 1962 年版。

76. 龚延明主编《天一阁藏明代科举录选刊》，宁波出版社 2016 年版。

77. 赵尔巽等撰《清史稿》，中华书局 1977 年版。

二、近人论著

1. 陈宝良《明代的社与会》，《历史研究》1991 年第 5 期。

2. 陈春声《明末东南沿海社会重建与乡绅之角色——以林大春与潮州双忠公信仰的关系为中心》，《中山大学学报》（社会科学版）2002 年第 4 期。

3. 陈江《明代中后期的江南社会与社会生活》，上海社会科学院出版社 2006 年版。

4. 陈秋安《明末江南地区的灾荒与救济活动》，台湾暨南国际大学硕士学位论文，2008 年。

5. 陈时龙《明代中晚期讲学运动（1522—1626）》，复旦大学出版社 2005 年版。

6. 丁功谊《万历年间社会思潮的转向》，《江西社会科学》2009 年第 4 期。

7. 樊树志《晚明史》，复旦大学出版社 2003 年版。

8. 范金民《明代政治变迁下的南京经济》，收入范金民主编《江南社会经济研究（明清卷）》，中国农业出版社 2006 年版。

9. 范金民《嘉善县志：明末知县李陈玉的县政实践》，《江海学刊》2016 年第 1 期。

10. 费孝通《基层行政的僵化》，收入氏著《乡土重建》，上海人民出版社 2007 年版。

11. 冯贤亮《陈龙正晚明士绅生活的一个侧面》，《浙江学刊》2001 年第 6 期。

12. 冯贤亮《明代江南的争田问题——以嘉兴府嘉、秀、善三县为中心》，《中国社会经济史研究》2000 年第 4 期。

13. 冯贤亮《明清江南地区的环境变动与社会控制》，上海人民出版社 2002 年版。

14. 冯贤亮《明清江南州县的衙署》，《传统中国研究集刊》2008 年第 4 期。

15. 冯贤亮《太湖平原的环境刻画与城乡变迁》，上海人民出版社 2008 年版。

16. 冯贤亮《万历年间江南的大水灾与社会反应》，《明代研究》（台北）2011 年第 1 期。

17. 傅衣凌《明代江南市民经济初探》，中华书局 2007 年版。

18. 傅衣凌《明清封建各阶级的社会构成》，《中国社会经济史研究》1982 年第 1 期。

19. 傅衣凌《明清之际的"奴变"和佃农解放运动——以长江中下游及东南沿海地区为中心的一个研究》，收入氏著《明清农村社会经济》，中华书局 2007 年版。

20. 傅衣凌《中国传统社会——多元的结构》,《中国社会经济史研究》1988 年第 3 期。

21. 郭培贵《明代解元考中进士的比例、年龄与空间分布》,《清华大学学报》(哲学社会科学版) 2012 年第 5 期。

22. 郭培贵《明代科举各级考试的规模及其录取率》,《史学月刊》2006 年第 12 期。

23. 何炳棣《明清社会史论》,徐泓译注,台北联经出版社 2013 年版。

24. 何朝晖《明代县政研究》,北京大学出版社 2006 年版。

25. 黄阿明《万历三十九年留都铸钱事件与两京应对》,《苏州科技学院学报》2011 年第 5 期。

26. 李文治编《晚明民变》,上海书店、中华书局 1989 年版。

27. 李媛《16 至 18 世纪中国社会下层女性宗教活动探析》,《求是学刊》2006 年第 2 期。

28. 梁方仲《明代粮长制度》,上海人民出版社 2001 年版。

29. 梁其姿《施善与教化:明清的慈善组织》,台北联经出版社 1997 年版。

30. 廖心一《略论明朝后期嘉兴府争田》,《明史研究论丛》第 5 辑,1991 年。

31. 林丽月《明代的国子监生》,台湾师范大学历史研究所 1979 年版。

32. 林为楷《明代的江防体制——长江水域防卫的建构与备御》,台北明史研究小组 2003 年版。

33. 刘翠溶《明清时期家族人口与社会经济变迁》,台北"中研院"经济研究所 1992 年版。

34. 罗晓翔《明代南京的厢房与字铺——地方行政与城市社会》,《中国社会经济史研究》2008 年第 4 期。

35. 瞿同祖《清代地方政府》,范忠信、何鹏、晏锋译,法律出版社 2003 年版。

36. 孙立群《建国以来关于封建地主阶级研究的综述》，收入南开大学历史系中国古代史教研室编《中国古代地主阶级研究论集》，南开大学出版社 1984 年版。

37. 王德昭《清代科举制度研究》，中华书局 1984 年版。

38. 王鸿泰《闲情雅致——明清间文人的生活经营与品赏文化》，收入胡晓真、王鸿泰主编《日常生活的论述与实践》，台北允晨文化实业股份有限公司 2011 年版。

39. 王卫平、黄鸿山《中国古代传统社会保障与慈善事业：以明清时期为重点的考察》，群言出版社 2004 年版。

40. 王卫平《明清时期江南城市史研究——以苏州为中心》，人民出版社 1999 年版。

41. 王裕明《明代总甲设置考述》，《中国史研究》2006 年第 1 期。

42. 吴晗《论绅权》，收入《吴晗文集》（第三卷），北京出版社 1988 年版。

43. 吴晗《明代的新仕宦阶级、社会的政治的文化的关系及其生活》，《明史研究论丛》第 5 辑，1991 年。

44. 吴晗《晚明仕宦阶级的生活》，收入《吴晗史学论著选集》（第一卷），人民出版社 1984 年版。

45. 吴晗等《皇权与绅权》，上海观察社 1948 年版。

46. 吴建华《"民抄"董宦事件与晚明江南社区的大众心态》，《中国社会经济史研究》2000 年第 1 期。

47. 谢国桢《明季奴变考》，《清华大学学报》（自然科学版）1932 年第 S1 期。

48. 徐茂明《江南士绅与江南社会（1368—1911）》，商务印书馆 2004 年版。

49. 许大龄《明清史论集》，北京大学出版社 2000 年版。

50. 许涤新、吴承明《中国资本主义的萌芽》，社会科学文献出版社 2007 年版。

51. 许敏《关于明代铺户的几个问题》,《明史研究论丛》第 2 辑,1983 年。

52. 张仲礼《中国绅士——关于其在 19 世纪中国社会中作用的研究》,李荣昌译,上海社会科学院出版社 1991 年版。

53. 赵克生《明代生祠现象 探析》,《求是学刊》2006 年第 2 期。

54. 赵毅《铺户、商役与明代城市经济》,《东北师范大学学报》(哲学社会科学版) 1985 年第 4 期。

55. 邹逸麟《论“江南”的政治含义》,收入王家范主编《明清江南史研究三十年(1978—2008)》,上海古籍出版社 2010 年版。

56. (加)卜正民《为权力祈祷——佛教与晚明士绅社会的形成》,张华译,江苏人民出版社 2005 年版。

57. (美)费正清《美国与中国》,张理京译,商务印书馆 1978 年版。

58. (美)孔飞力《中华帝国晚期的叛乱及其敌人:1796—1864 年的军事化与社会化结构》,谢亮生等译,中国社会科学出版社 2002 年版。

59. (美)林南《社会资本——关于社会结构与行动的理论》,张磊译,上海人民出版社 2005 年版。

60. (美)魏斐德《大门口的陌生人:1839—1861 年间华南的社会动乱》,王小荷译,中国社会科学出版社 1988 年版。

61. (日)岸本美绪《明清交替と江南社会:17 世纪中国の秩序问题》,东京大学出版会 1999 年版。

62. (日)奥崎裕司《中国乡绅地主の研究》,汲古书院 1978 年版。

63. (日)滨岛敦俊《明代江南农村社会の研究》,东京大学出版会 1982 年版。

64. (日)滨岛敦俊《明代中后期江南士大夫的乡居和城居——从“民望”到“乡绅”》,收入《江南与中外交流》(复旦史学集刊第三辑),复旦大学出版社 2009 年版。

65. (日)滨岛敦俊《明末华北地区地方士人的存在形态》,收入《近世中国的社会与文化论文集》,台北明代研究学会 2007 年版。

66.（日）滨岛敦俊《明清江南农村社会与民间信仰》，朱海滨译，厦门大学出版社 2008 年版。

67.（日）滨岛敦俊《农村社会——研究笔记》，收入《近代中国的乡村社会》，上海古籍出版社 2005 年版。

68.（日）川胜守《明清江南農業経済史研究》，东京大学出版会 1992 年版。

69.（日）川胜守《明清江南市鎮社会史研究——空间と社会形成の歴史学》，汲古书院 1999 年版。

70.（日）川胜守《徐乾学三兄弟とその時代——江南郷紳の地域支配の一具体像》，《東洋史研究》第 40 卷第 3 号，1981 年。

71.（日）川胜守《浙江嘉興府の嵌田問題——明末、郷紳支配の成立にする関一考察》，《史學雜誌》第 82 卷第 4 号，1973 年。

72.（日）大野晃嗣《明代会试考官初探——以会试录为中心》，《科举文献整理与研究：第八届科举制与科举学国际学术研讨会论文集》，2011 年

73.（日）夫马进《明代南京の都市行政》，收入中村贤二郎编《前近代にぉける都市と社会層》，京都大学人文科学研究所 1980 年版。

74.（日）夫马进《晚明杭州的城市改革与民变》，收入（美）林达·约翰逊主编《帝国晚期的江南城市》，成一农译，上海人民出版社 2005 年版。

75.（日）夫马进《中国善会善堂史研究》，伍跃、杨文信、张学锋译，商务印书馆 2005 年版。

76.（日）宫崎市定《明代苏松地方的士大夫和民众》，收入《日本学者研究中国史论著选译》（第六卷），中华书局 1993 年版。

77.（日）宫崎市定《張溥その時代——明末一個郷紳の生平》，《東洋史研究》第 33 卷第 3 号，1974 年。

78.（日）酒井忠夫《中国善书研究》，刘岳兵、何英莺译，江苏人民出版社 2010 年版。

79.（日）森田明《清代水利与区域社会》，雷国山译，山东画报出版社2008年版。

80.（日）森正夫《日本の明清時代史研究における郷紳論について》，《歴史評論》第208、312、314号，1975—1976年。

81.（日）山根幸夫《河南省商城縣の紳士層の存在形態》，《東洋史研究》，第40卷第2号，1982年。

82.（日）上田信《明清期·浙東における州県行政と地域エリート》，《東洋史研究》第46卷第3号，1987年。

83.（日）寺田隆信《明代郷紳の研究》，京都大学学术出版会2009年版。

84.（日）松本善海《旧中国社会の特質論への反省》，《東洋文化研究》第9、10号，1948—1949年。

85.（日）小山正明《明末清初の大土地所有——特に江南デルタ地帯を中心として》，《史学杂志》第66卷第12号、第67卷第1号，1957—1958年。

86.（日）中岛乐章《围绕明代徽州一宗族的纠纷与同族统合》，《江淮论坛》2000年第2、3期。

87.（日）重田德《乡绅支配的成立与结构》，收入《日本学者研究中国史论著选译》（第二卷），中华书局1993年版。

88.（日）佐伯有一《明末董氏之变》，收入《日本学者研究中国史论著选译》（第六卷），中华书局1993年版。

89.《嘉善县文史资料》第7辑（上册），嘉善县政协文史委，1992年。

90.《嘉善县乡镇志》，上海三联书店1992年版。

91.《嘉善县志》，上海三联书店1995年版。

92. Hsiao Kung-ch'ü an. Rural China: Imperial Control in the Nineteenth Century. Washington: University of Washington Press，1960.

后　记

这本小书，由我的硕士论文《从地方到国家：晚明江南士绅丁宾的行政实践与社会活动》（复旦大学，2012年）增补而来。

丁宾是我真正进入历史学学术研究之后，第一个有针对性的研究对象，同时，也是接触江南史之后，系统关注的第一个人物。学位论文的篇幅不长，自2012年6月通过答辩后，便被我搁置一旁，而转向其他课题的研究。

2018年初，导师冯贤亮先生正式通知我，丁宾的故乡、浙江嘉善县正在策划出版一套"嘉善善学思想丛书"，机会难得，希望我在硕士学位论文的基础上增补成书稿。于是，时隔六年之久，我从若干个书箱中翻检出当年打印成册的《丁清惠公文集》，再一次与丁宾相遇。

不过，"返工"重写并不是一段十分愉快的过程。往往阅读完一部相关资料，以为有了新的发现，却在不久之后"失望"地发现，多年前写作学位论文时已经关注和利用了这部分的材料，如今只是忘记了。如此这般的"无用功"常令我哭笑不得。再者，重新回到已抽离了多年的人物中，体会其心、其行，也颇耗费了些时日。这些情况都是我动笔"返工"前始料未及的。

当年撰写学位论文时，无意间在网上看到嘉善县发现了丁宾父母合葬墓的消息。2011年暑假，在冯贤亮老师的联络安排下，我来到姚庄镇（丁氏家族所生活的丁栅镇已并入今天的姚庄镇），镇政府的黄玮莉女士热情地向我介绍情况、提供资料，还在酷热的夏日午后带我参观了以合葬墓为基础、尚在建设中的"清风园",又陪我在办公楼门厅中手抄丁宾母亲的墓志铭。2018年8月初，在嘉善地方史研究者金身强先生的指引下，我又来到丁宾家族世代生活的小区域，见到了屠家浜、沉香湖和只剩桥堍的东来桥。2019年1月末，我再次前往嘉善沉香荡畔，走过了丁栅的老街，又看到已修缮完整的东来桥，参观了建设一新的"清风园"。这些实景、实物，对于整日盘桓在"故纸堆"中寻找过去蛛丝马迹的研究者来说，是十分有帮助并极为有趣的体验。

从最初的学位论文到现在的小书，冯老师都给予了我莫大的指导和支持。增订过程中多处关键性的内容，都有赖于冯老师的提示。此次出版，也全赖冯老师的推荐与牵线。身为嘉善人，冯老师这两年致力于明清交替之际乡邦人物的专题系列研究。蕞尔一区的嘉善县，在晚明时代涌现了许多位熠熠生辉的文人士大夫。袁黄、钱士升、魏大中、陈龙正等人，大多年龄小于丁宾，或者入仕时间晚于丁宾，但身居官场高位又长寿的丁宾，与他们多有交集，共同构成晚明嘉善县地灵人杰的历史记忆。

去年上半年，我结束了为期两年的博士后研究，更换了工作单位。这一段略带荒诞和曲折的经历，占据了当时不少的心思，导致书稿增补的时间变得十分有限。感谢师弟陆闻天帮助获取相关史料，也要感谢张剑光老师帮助我减少了一次搬家的烦恼。

为了能按时完成书稿，去年7、8月的暑假我一直待在上海，这是九年来我第一次在上海度过一个完整的夏天。除了几次台风过境，大部分的夏日都是晴朗的。于是，作为"钉子户"坐在桂林路公寓的书桌前，常常转头便能看到窗外月亮高悬。有时是傍晚天空仍泛蓝时的柔黄半月，有时是黑色夜空中清晰明亮的弯月和圆月。更有许多个夏夜，望见城市中也有星光闪烁。不久之后，书桌搬到松江西隅，初秋的落日与明月，常是一天之中最大的慰藉。而四百年前，嘉善沉香荡畔，丁氏族人也在吟诵着无边的月色："千缕紫愁明月夜，一钩沉水钓无痕。"

如今的书稿与最初的硕士论文，在框架结构上并没有太大的改动，算是反映了我初入历史学门槛时对人物研究的把握状态。

感谢张敏华主任和嘉善县史志办公室提供宝贵的出版机会，以及在此过程中所做的大量工作；感谢同样对丁宾感兴趣的丁栅人戴丽女士提供的各种信息与资料；感谢浙江省社会科学院赵福莲女士和浙江省地方志办公室张勤女士以及嘉善县文史界诸位专家在审稿会上的批评与建议；感谢编辑长岛先生的辛勤付出。

小书自2020年出版后，蒙中共嘉善县委宣传部与嘉善县名人与乡贤文化研究会信任，今纳入《嘉善历史文化名人丛书》再版，谨致谢忱。

杨 茜

2021年5月

图书在版编目（CIP）数据

丁宾传 / 杨茜著. —上海：上海三联书店，
2021.6

ISBN 978-7-5426-7450-0

Ⅰ. ①丁… Ⅱ. ①杨… Ⅲ. ①丁宾—传记 Ⅳ. ①K827=48

中国版本图书馆CIP数据核字（2021）第101319号

丁宾传

著　　者 / 杨　茜

责任编辑 / 程　力　陆雅敏
特约编辑 / 孙　嘉
装帧设计 / 长　岛
监　　制 / 姚　军
责任校对 / 丁　实

出版发行 / 上海三联书店
　　　　　（200030）中国上海市漕溪北路331号A座6楼
邮购电话 / 021-22895540
印　　刷 / 苏州市越洋印刷有限公司

版　　次 / 2021年6月第1版
印　　次 / 2021年6月第1次印刷
开　　本 / 787×1092毫米　1/16
字　　数 / 142千字
印　　张 / 11
书　　号 / ISBN 978-7-5426-7450-0 / K·644
定　　价 / 68.00元

敬启读者，如发现本书有质量问题，请与印刷厂联系：0512-68180638